青山 佾 Aoyama Yasushi

〈対談〉ロザンヌ・ハガティ Rosanne Haggerty

10万人のホームレスに住まいを!

アメリカ「社会企業」の創設者 ロザンヌ・ハガティの挑戦

藤原書店

はじめに

ロザンヌ・ハガティは、アメリカにたくさんいるソーシャル・アントレプレナー（社会起業家）の代表的人物の一人である。

ニューヨークに大勢いたホームレスの人たちのために、繁華街の荒れ果てたホテルの建物を買い取り、その周辺にいるホームレスの人たちのための住まいをつくった。それは当時、アメリカ政府やニューヨーク市役所が提供していたホームレスのためのシェルター（一時的宿泊所）ではなく、簡単なキッチンやシャワーがついた個室であり恒久的なマンションである。

ロザンヌは建物を買い取るために〈コモン・グラウンド・コミュニティ〉というＮＰＯ団体をつくり、政府や市役所の補助金を獲得し、企業や個人の寄付も得たし借金もした。借金返済のためにその後も寄付等を獲得したが、運営経費も含め、入居した人たちが働いて一定の家賃を支払う仕組みもつくった。

この方法が一つのモデルとなって、ロザンヌと〈コモン・グラウンド〉はその後もニューヨークの各地にいくつものホームレスのための住居をつくり、彼らの生活再建に努めた。

プロジェクトが定着し成果が見えてくると、補助金も寄付も少しは集めやすくなる。こうして事業が安定するとロザンヌはこのやり方をアメリカ各都市に拡げる一方、ホームレスのためのマンション運営の事業は〈コモン・グラウンド〉に任せ、今度は〈コミュニティ・ソリューションズ〉という新しい組織を立ち上げ、自らはこれに移った。
〈コミュニティ・ソリューションズ〉は、地域再生、すなわち、古くなって荒廃した公営住宅団地等を、まちづくりの面からも住む人々の生活面からも、改善していこうとする試みである。ロザンヌは手始めに、ニューヨークのブルックリンの中央部にある、ブラウンズビルという大規模な公営住宅団地の再生に取り組んでいる。

ブラウンズビルは、三万戸余の公営住宅に十二万人余が住むが、一九一〇年代から既に荒れ始めたというから、一〇〇年に及ぶ荒廃の歴史をもっている。特に一九七〇年代頃から荒廃がひどくなって、貧困やスラムの代名詞ともなった。住宅地なのに、域内に少年刑務所があったりする。公営住宅といえばスラム、というイメージはブラウンズビルがつくったというニューヨーカーもいるほどだ。

ロザンヌはここで、まずは出産・育児から学校、就職、住宅など生活相談から始め、小口金融、雇用創出などのプロジェクトに取り組むほか、落書き消し、少年指導、健康的な食事の推奨、犯罪防止などに取り組んでいる。無味乾燥な住宅群をみどり豊かなスペースに変え、雇用の場創出のため商店を開業し、レクレーションや交流の場の創出など再生計画の議論も始まっている。

今まで誰も取り組んだことのない方法でホームレスの住まいを提供し、それが定着すると荒れたコミュニティの再生に転ずる――ロザンヌがアメリカのソーシャル・アントレプレナーの代表選手の一人とされる所以である。

本書は、そんなロザンヌ・ハガティの半生を、彼女のプロジェクトへの取り組みを中心に紹介したものである。

ロザンヌと私が知り合ったのは、二〇〇〇年のことである。東京に小住宅のことを調べにきて、日雇い労働者が当時多く住んでいた山谷で私の名前を聞いて、都庁の副知事室に面会を申し込んできた。当時、東京都の副知事は二人だった。私は都庁に三六年勤務したが、最後の四年間は副知事をしていて、東京都全体の財政や都市計画を担当していた。当時は三宅島の噴火対策に忙殺されていた。

私のところには、私に面会を要求してきたが残念ながらこちらの都合でお目にかかることができない方のリストが回ってくる。その中にロザンヌ・ハガティの名前を発見した私は、秘書に、早朝でも深夜でもいいから会わせてくれと頼んで会わせてもらった。

私は山谷の日雇い労働者の世話をする城北福祉センターの所長をやっていたことがあり、それ以来、所管でなくとも一貫して山谷やホームレスの問題に関わってきたので、ニューヨークのホームレス対策と聞いたら身を乗り出してしまうのである。

私がいた頃の山谷には、ミニー神父という、アルコール依存症患者のミーティングを開いて依存症を改善していくという根気強い療法を続けていたニューヨーカーがいた。私はニューヨークには義理があるのだ。

ロザンヌと私はそのとき、いろいろ議論して話が弾み、いわば意気投合した。それ以来、互いに行ったり来たりを続けている。ロザンヌには私が勤務する明治大学専門職大学院ガバナンス研究科(公共政策大学院)の特別招聘教授にもなってもらった。

私はニューヨークの〈ジャパン・ソサエティー〉のイノベーターズ・プログラム（改革者の交流事業）のメンバーにもなったし、コロンビア大学の客員研究員にもなった。ニューオーリンズの二〇〇五年水害のあと、復興プロジェクトを手伝って三宅島噴火の際の市民活動のリーダーたちと市民交流もやった。その都度、ロザンヌのプロジェクトの状況をつぶさに見ていた。

そしてロザンヌには後藤新平賞奨励賞（二〇〇九年、後藤新平の会主催）も受賞してもらった。社会のために新しいモデルをつくり示した実践活動を評価した賞である。そういう縁があって本書が生まれた。

第Ⅰ部は、対談という形でロザンヌの活動を振り返り、ロザンヌの考え方を紹介した。第Ⅱ部は、その背景にある貧困問題、それに対する社会的包容力（ソーシャル・インクルージョン）の考え方、その具体化としての社会企業論などを私が展開した。敢えて表現形式の異なった二部構成を採用したことにより、問題の本質を浮き彫りにすることができていれば幸いである。

青山 佾

10万人のホームレスに住まいを！　目次

2　第二のプロジェクトの立ち上げ

10万人のホームレスに住まいを！

アメリカ「社会企業」の創設者ロザンヌ・ハガティの挑戦

本書第Ⅰ部は、二〇一〇年一月十五・十八・十九日に行われた対談（司会＝藤原良雄、於・藤原書店）と、二〇一〇年一月十六日および二〇一二年六月十一日の明治大学における特別講義を編集したものである。第Ⅱ部は、著者による書き下ろし。

序

ロザンヌ・ハガティ

社会企業とは何か――青山さんと私

青山佾さんには二〇〇〇年に、東京都の副知事をやっておられるときに初めてお目にかかりました。私はその当時、たまたま日本のワンルームマンションなど小型住宅の勉強をしたく来日していました。このモデルが米国のホームレスの状況を改善するために役立つのではないかということで、調査しに来たのです。〈ジャパン・ソサエティー〉の関係で私はこの時来日することができ、特に山谷地域の関係者にお目にかかる機会をつくっていただきました。御承知の方が大半だと思いますが、山谷地域は東京の中でも日雇い、またホームレスになる可能性のある人たちが歴史的に集まり、その地域に生活している人たちが多い地域でした。

私が山谷を訪ねたとき、当時二〇〇〇年でしたが、いかにホームレスをなくしていくか、関係者が山谷のためにいろいろな解決案を模索しておられました。

私はニューヨークでどのような活動をやっているのか、日本のNGOや政府関係者に説明しました。その当時も、ホームレスの人たちを支援するために住宅を建設し、保健衛生、精神衛生、また就労支援などをやっているということを説明させていただきました。

そのとき、山谷の関係者から、当時日本で社会問題について一番よく考えておられるベストシンカーは、青山さんだということを私は聞いたのです。日本滞在の最後の日に青山さんにお目にかかることができて、社会がいかに改善できるのかについて非常にパワフルな考えをお持ちの方だという印象を持ちました。ソーシャル・アントレプレナー（社会起業家）の概念が今ほど流行する前の時代でも、その考え方そのものはまさに青山さんの御活動、お考えに反映されていたわけです。

このソーシャル・アントレプレナー、社会起業家というのは米国でも、また最近は日本でも非常に人気の高い概念となっていますが、どういう意味でしょうか。その意味は、人々に対してよりよいサービスを提供しながら、社会にとっても意味のあるソリューション（問題解決）を生み出す、それが社会起業家の意味だと思います。

我々の仕事での主要なミッションは、ホームレスの人たちに対して持続可能なソリューションを提供することだと考えています。ということは、あと一日どうにか生き延びるための支援を提供するということではなく、そのような状況から完全に脱することができるように支援をするということです。というのも、彼らが尊厳を持って、また自分の生活をよりよいものにすることができる、またそれに貢献する機会があれば、社会全体にとってそのような状態の方が好ましいと、我々は思っているからです。

社会にとって本当によりよいのか、その実証をするための一つの尺度は、コストを見ることです。すなわち政府の助成や公的な資金を継続的に提供するよりも、これらの人たちが本当に自分の足で立って自立できるように支援する方がコストが少ないということを、実際の数値で示すのが一つの方法だと我々は考えています。

ビル建設だけでは追いつかない

私が最初に手がけたソーシャル・エンタープライズ（社会企業）である〈コモン・グラウンド・コミュニティ〉では、ニューヨーク市の非常に古い、荒廃した建物を生産的なビルに変えて、ホームレスの人たちの生活状況を改善するために役立てようとするプロジェクトに取り組みました。このような荒廃したビルを、小ぎれいな、しかも歴史的な意味を生かしたビルに改善していきますと、そこの入居者たちの生活、また健康面にとってもよいということのみならず、その地域全体にとっても非常に大きなメリットがありました。すなわち、実際その周辺の不動産価値が上がったのです。

このような企業活動や試みのもう一つの特徴は、一たん成功するとその成功が伝播し、広がっていくということです。また、社会企業活動は、ただ単に一カ所、二カ所でその問題を解決するのではなく、より現実的な方法で、より幅広い問題そのものの解決に貢献する、それが理想だと思います。

我々のプロジェクトを見て米国のほかの都市からも声がかかり、このような住宅プロジェクトをそれぞれの都市でもやってほしいというお問い合わせ、お誘いが多く入ってきました。しかし、ニューヨーク市以外のところでさらに我々の活動を広げてビルなどを改装し始めたときに、やはり規模を拡大するためには、それに付随してほかの問題も出てくるということに気がつきました。すなわち、ビルだけを建てていけばいいということでは決してないということに気がついたわけです。

まず最初の側面は、やはり不動産というのは地元の状況と密接な関係を持っていますから、資金調達にしても現場の、現地の人たちを知らなければならない。また、現地の政治家、また地元の建築家との関係を構築しなければならないので、それぞれの場所に、その地域特有の状況があるということに気がつきました。しかも、古い建物を改装する、また新たな建物を建設するという最初の第一歩で、イニシャルコストが非常に割高になってしまう。また、時間もかかり、それぞれのビルの建設に当たって四年間かかったということがわかりました。しかも、それぞれのビルはホームレスの方を百―二百人ぐらいしか支援できないということにも気がつきました。もちろん百人単位で人を助けていくということはそれ自体重要で、価値のある行為ではありますが、全米では何十万人という人たちがホームレスの状態にあるということも現実だったのです。そこで、ホームレスの人々に住まいを提供する〈コモン・グラウンド〉の活動から、地域の貧困問題に取り組む〈コミュニティ・ソリューションズ〉へと私たちの活動が発展していったわけです。

新しいビジネスモデルの必要性

したがって我々は、本当に建物だけつくり続けることに専念したいのか、それとも全米レベル問題の根幹に対応し、問題の解決そのものを検討したいのかという選択を迫られるようになりました。この問いかけの答えとして、やはり異なったビジネスモデルが必要なのではないかという事実に気がつき、このビジネスモデルを実施していくためには、違った形での社会企業が必要だという結論に至りました。

もちろんビルを建てていくことは重要であるということは認識しつつも、最も重要なのは、だれがいま最も住宅を必要としているのか、ある一定の基準に基づいて優先順位を設定し、例えば健康上の問題を一番ひどく抱えている人々を優先する、その人たちの住宅へのニーズに合った形で住宅を提供していく。その支援の優先順位をどのように設定していくかということが、最も重要であることに気がつきました。ですからＩＢＭをたとえに使いますと、ＩＢＭがメインフレームだけのビジネスをやり続けて一定の市場のシェアを確保するか、それとも支援やサポートサービスなどに事業を広げて非常に大きな市場を確保するという選択に踏み切るかどうかと同じような状況だと、我々は思いました。

したがって、我々が今までやってきたプロセスを微調整し、本当に支援を必要としている優先順位の高い人たちを特定する。すなわち自分の力だけではホームレスの状態から脱却できない、健康上の非常に大きな問題を抱えている人たちを特定し、我々が建てた建物に限らずそういう人たちには優先順位を高く設定して、どこでもいいからまず住宅を彼ら個人に、また彼らの家族にも提供する。そして住宅を確保した後に彼らの生活を向上するために、また自ら生活をよりよく管理できるために、サービスを提供し、彼らが生活できるよう持っていく。それが重要だと、現在考えています。

ロザンヌ・ハガティ（明治大学にて）　撮影・富田浩二

I

「社会企業」をつくるということ

ロザンヌ・ハガティ＋青山 佾〈対談〉

ロザンヌ・ハガティ（右）と青山佾（左）　撮影・富田浩二

対談の目的

青山　今回のロザンヌ・ハガティさんと私の対談の目的は、ロザンヌ・ハガティさんが創設して定着させた〈コモン・グラウンド・コミュニティ〉の事業、二〇年間の全過程、そして〈コミュニティ・ソリューションズ〉の設立に至る過程をまとめることによって、社会企業についてその生成と発展の過程、それからそれにかかわった人たちの人生の記録を皆さんに紹介するということです。

〈コモン・グラウンド〉のプロジェクトについてやロザンヌ・ハガティさんの人となりについては、今まで日本ではたくさん紹介されていますが、いずれも断片的なものでした。ヨーロッパでもアメリカでもアジアでも、世の中が市場原理の世界と税による行政の世界だけではなくて、市民活動あるいは社会企業の分野によって運営される部分がこれから拡大していくということは、だれもが認めています。しかし、そのことは理論的には紹介されていますが、実際にそれを実現した例は少ないわけです。〈コモン・グラウンド〉の活動は、ホームレス対策という世界共通の課題に対して新しいモデルを提供したことでも画期的なものですが、それ以上に二〇年かけて一つの社会企業を創設し、定着させたという点に大きな意味があると思います。

したがって今回のロザンヌと青山の対談は、大きく三つの部分に分けたいと思います。一つは〈コモン・グラウンド〉の発展段階に従って、どういうプロセスで発展してきたかを追っていきます。二つ目には、その間ロザンヌ・ハガティの人生や考え方、悩み、それをどう乗り越えていったかということについてです。三つ目には、営利企業でもないし、行政でもないし、あるいは慈善財団でもない社会企業という形をとったことの利点、あるいは逆に問題点についてです。この三つ目の点に関係して行政のサポートはどうだったか、民間企業のサポートはどうだったか、あるいは財団による援助はどうだったか、個人によるサポートはどうだったか。

基本的には〈コモン・グラウンド〉の創設から発展段階に従って議論していく中で、第二と第三の点についても話題にしていきたいと思います。

1 〈コモン・グラウンド・コミュニティ〉をつくる

ホームレス対策＝シェルターへの疑問――ボランティア時代

青山　ロザンヌ・ハガティさんが〈コモン・グラウンド・コミュニティ〉を創設したときの話については、日本でも紹介されています。三歳の息子さんの手を引いて、タイムズスクエアのホームレス・シェルターの一つに足を踏み入れたときの経験です。これを何とかしようと考えて、今の〈コモン・グラウンド〉のやり方をプロジェクト化したと紹介されています。このときのことについて、具体的に詳しくお話をしていただきたいと思います。

ハガティ　一九八九年のことでした。そのときにタイムズスクエア・ホテルというホテルに最初に足を踏み入れたわけですが、ただ、このホテルについて述べるときに、ちょっと事前のことについて述べさせていただきたいと思います。私は一九八二年から一九八三年まで、実はこのタイムズスクエア・ホテルの隣に住んでいたことがありました。一九八二年から一九八三年まで私はボランティア活動に従事していて、若年の家出人もしくはホームレスを支援する団体で働いていたのです。一九八〇年代の前半は、ニューヨークのタイムズスクエア地域が犯罪で国際的にも悪名高い地域でした。そういうときに若者を手助けしようというボランティア団体に、週に一二ドルぐらいのお給料でボランティアとして働いていたのです。

この時期にシェルターを見ていて私が一つ気づいたのは、シェルターが問題解決として機能していないということです。若者がシェルターに入ってきては出ていってしまうということで、根本的な解決に至っていないことに気づいたわけです。

この期間、私は常に自問自答していました。シェルターが問題解決となり得ないのであれば、かわりにどういうものが必要なのか。そこで私が考えとして行き着いたのが、やはり安定した住居を提供しなければいけない、ということでした。例えば教育であったり、健康であったりというさまざまなプログラムがあるわけですが、安定した住居がなければそういうプログラム自体も機能しないだろうと。まずは、安定した住居を提供することが重要だと思うようになったのです。

住宅供給のノウハウを学ぶ

ハガティ　一九八二―八三年のボランティア期間が終わった後、ではどうしようかと考えたときに、アフォーダブル・ハウジング（affordable housing）、低中所得者層に対して彼らが手の届くような住宅をどう提供したらいいいか。特に私は若年の人にかかわっていましたので、若者もしくはその家族が入手できるような住居をどう提供したらいいか。そのことについて学ぼうと思いました。

どうしたらいいかということで、住宅プロジェクトを主な活動としているカソリック系の団体〈ブルックリン・カソリック・チャリティ〉で働くことを決めました。その団体は、ニューヨークのブルックリンとかクイーンズ地区で住宅供給のプロジェクトに携わっている団体でした。私はそこに、七年間勤務をすることとなりました。そこで私は非常に大きな責任を担うとともに、二〇のプロジェクトを担当することができました。そこではさまざまなファイナンスの方法、ニューヨーク市の行政のあり方、もしくはアフォーダブル・ハウジングのようなものに対して行政が資金的な支援をする仕組みについても学ぶことができたわけです。このプロジェクトではお年寄り、ホームレス、もしくは低所得者に対して住宅を提供するということを行なっていました。そして一九八八年から八九年までは、コロンビア大学大学院の不動産開発研究科で、大学院生として勉強もしました。

一九八九年までに、私は自分の仕事としてホームレスに対する住宅供給を行ないたいと考えるに至るのですが、ちょうどその一九八九年、ここでタイムズスクエア・ホテルという話に戻るのですが、タイムズスクエア・ホテルがニューヨーク市のメディアをにぎわせた記事となります。非常に問題を抱えたホテルとして報道されたのです。先ほど申しましたとおり、私はボランティア活動をしていたときその隣に住んでいましたので、個人的にもこのタイムズスクエア・ホテルのことは知っていました。

タイムズスクエア・ホテルの実態

ハガティ　記事によると、タイムズスクエア・ホテルは「ホームレスの地獄《ヘル》」と表現されるような状態になっていました。タイムズスクエア・ホテルは何回も人の手に渡ったのですが、その中で収益を上げられないような状況になってしまって、一部の部屋がニューヨーク市に貸し出されていたのです。そこは全く改修されないままに、ホームレスの一時的なシェルターとして使われている。その一方で、全然メンテナンスがされていないので、どんどん状態はひどくなるという状況が発生していました。先ほど申しましたとおり一九八〇年代はタイムズスクエア自体が非常に治安の面で問題を抱えていたわけですが、その時期はタイムズスクエアの中でも最悪の建物として、このタイムズスクエア・ホテルのことが取り上げられていました。

このビル自体も、資金的にはもう破綻して、倒産の状態にありました。建物には一七〇〇以上にも上る建築基準違反があって、構造的にも問題を抱えていた上、さらに、社会的災害といいますか、ドラッグであったり売春であったりということも行なわれていたのです。

記事には、何をしたらいいか全くわからないと書かれていました。市はお手上げの状態ですし、コミュニティも、だれかが何かをしてほしいけれども、自分たちで何をしていいかわからない。もしくはほかの人たちも、この問題は市が起こしたんだと言うだけで、結局解決策は全然提示できない状態でした。

もう一つ言及しておきたいことは、この建物は実は非常に大きな建物で、部屋が七百室にも及ぶものだったことです。そこで犯罪が多発しているということは、もうタイムズスクエア自体の犯罪率とか治安の悪化のため、警察はいつも出動しなければいけない状態になっていたということです。タイムズスクエアというぐらいですから、ニューヨーク・タイムズの本社がもうすぐ近くにあるわけです。そういうところであったために、ニューヨークにおいて非常に発言権を持つ新聞メディアが、この状態を非常に問題視したことも指摘できます。あとタイムズスクエアの近隣地域の不動産の所有者やデベロッパーも、この問題を非常に懸念していました。タイムズスクエア・ホテルで起きていることは、タイムズスクエア全体の地域を象徴する問題ととらえられてしまっていたわけです。やはりこれは解決しなければいけないと新聞社も思うし、不動産のオーナーたちも思うものの、解決策を提示できない状況だったのです。

そういう新聞記事を読んだとき、私は個人的に非常に関心を持ちました。なぜならば、私はその隣の建物に住んでいたことがあったからです。また、先ほど申しましたように私は個人的に住宅のプロジェクトにかかわっていて、ブルックリンで五つの建物をコンバートして、サポーティブ・ハウス――ホームレスとか低

観光客でにぎわうタイムズスクエア

所得者用の人への住宅――を提供するというプロジェクトにかかわっていました。例えば四つの学校をそういうサポーティブ・ハウスに用途転換して提供するというようなことを行なっていたのですが、そういうコンバートの仕方というのは、当時はあまり多くの人が認知していませんでした。

その新聞を見ていて、うーん、と思いました。だれも解決策を知らないように見えるけれども、でも、解決策は明らかなのです。私はもうずっとそのサポーティブ・ハウスでコンバートの仕事をしていたわけですから、これこそが解決策だろうと個人的には考えていました。片方に問題があって、個人的にも私はそれに関心も持っているし、関係性も持っている。一方で私自身がその当時ニューヨークで、問題解決策を知っている少数の限られた存在であることにも気づくわけです。

ある日、当時三歳の息子を連れて、そのホテルがどれだけひどい状態なのかを実際に見に行きました。一九八九年十二月の始めぐらいだったと思います。見に行くと、ロビーに入っただけでもひどいありさまでした。ロビーがもう本当に荒れ果てていて、そこを子供が走り回っていて、ロビーの奥にはごみしかないような状態だったのです。本当に心が痛むような状況でした。息子はそのとき「ママ、くさい」と言いました。ホテルへの見学というのは非常に不快というか、居心地の悪いものでした。

ホテルのコンバートについて市に提言するが……

ハガティ　その後に、私はすぐにノートに自分のアイデアを書きとめ、知り合いのニューヨーク市の担当者等に電話し始めて、もう解決策はこの建物をすべてコンバートして、サポーティブ・ハウスを提供することしかないと伝えました。低中所得者層の人たちに対する住宅提供とともに、精神的もしくは肉体的に障害を負った方々に対する住宅提供もするような形で、サポーティブ・ハウスにするしかないだろう、と。

この電話をかけて非常に興味深かったことですが、私は一市民として解決策を持っていて、こうしたらいいのではないかと提案をする、そのための電話をしたわけです。けれども受話器の先の市の担当者の人たちはだれ一人として、自分がその担当者である、自分がその責任を担うべきであるという考えを持ちませんでした。我々の社会の問題の一つの複雑さとしては、だれも責任を持ちたがらないということがあると思います。こういう電話は一九九〇年の一月から三月ぐらいまでの間に行なっていたと思いますが、非常に丁寧に対応してもらえるものの、「それは我々の担当ではない、管轄ではない」とか「何でそれを我々がやらなければいけないんでしょうか」という反応しか返ってこなかったのです。

一九九〇年の春にホテルを所有している会社自体が破産してしまって、建物はオークションにかかり、不動産の所有の形態というか、所有者自体もちゃんと定まっていないような状態になっていました。債権者たちは二五〇〇万ドルの価値をこのホテルに対して求めようとしたのですが、当時、建物にはそれだけの価値はありませんでした。この時期は、私個人としてはこの問題に解決策を提示できませんでした。なぜかというと債権者が二五〇〇万ドルという金額を求めていて、それを資金的にカバーできるようなプロジェクト、もしくはそれにお金を出すような人がいなかったのです。その時期、ちょうど春ですけれども、ホームレスを支援する法律家たちが市に対して法的な働きかけを行なっていて、このホテルから四百世帯のホームレスの家族がより安全な場所に移動するということも行なわれていました。

この一九九〇年代は、私自身は〈カソリック・チャリティ〉の活動にも関与しながら、自分の肩書はコンサルタントという肩書に変えていて、〈カソリック・チャリティ〉のプロジェクトにもかかわりつつ、ほかのNPO団体にも支援を行なう状態にありました。そういう中で、私自身はこの一九九〇年の春はタイムズスクエア・ホテルに対してあまり活動的なことを行なっていなくて、だれかが購入して解決できるのかな、と推移を見守っている状況でした。

そのときに、重要なことが起こりました。破産して競売にかけられるわけですが、だれもそれを落とさなかったのです。オークションでだれも競り落とさなかったことによって、最初に優先的な債権の権利を持っていた人たちがそれを所有することになったのですが、オークションの次の日に私はその債権を持っている企業に向かって、自分のアイデアを提示しました。そうすると先方は、わかった、では、あなたとやりましょうという話になったのです。ビルの状態が非常に悪いこともあって、経済的にもこれでは機能しないことは、先方も認識していました。その中でどういうふうにすればそれを経済的にもうまくいかせられるかという、そのファイナンシャルの部分も私が提示しました。それによって先方も、それであれば、何もできなくて手をこまねいたまま、朽ち果てるようなビルを持っているよりはいいであろうということを納得しました。

タイムズスクエア・ホテルの建物（右側窓のあるビル）。通りは８番街を北に向かっている。（上）

タイムズスクエア・ホテル（左側）の手前はウエスティン・ホテル（右）

さまざまな団体とのネットワークづくりに踏み出す

ハガティ　そのタイミングになってから、私は低所得者用のアフォーダブル・ハウジングの提供をしている、ニューヨークでは大きな三〜四の団体にアクセスし始めました。〈セトルメント・ハウジングファンド〉、〈フィップス（PHIPPS）〉というところと、あとカソリック・チャリティの団体です。それは私が働いていたところとは別のカソリックのNPOで、そういうアフォーダブル・ハウジングを提供している団体でした。あとは〈ウエストサイド・フェデレーション・フォー・シニアハウジング（高齢者用住宅）〉というような団体ですね。高齢者用の住宅を提供するNPOなどにも、接触をしました。ほかにも、基本的にはニューヨークでホームレス対策を行なっている大きな団体に、彼らがこの問題の当事者になりませんかというかたちで接触をしました。

反応は「いや、できません」とか「非常に重要な問題ではあるけれども、我々はそれをやる能力はない」というような回答でした。また同時にそのときコミュニティボードにも接触しました。これは、それぞれの地域の自治会的なもので、ニューヨーク市は全体で五九のコミュニティに分かれていますが、このコミュニティボードは各地区でボランタリーに理事会を運営していて、その各地区の土地利用についての決定を行なっています。

まず、五番街のコミュニティボードにアクセスをしました。そのコミュニティはレキシントン通りから八番街まで、一四丁目から五九丁目までです。

青山　ニューヨーク市は五つの区に分かれていますが、それでもまだ大き過ぎるので、市全体を五九のコミュニティに分けているんですね。東京の二三区よりももうちょっと小さいようなエリアが、コミュニティに分かれていて、それぞれにボードがあって、議員がいるんですけれども、コミュニティレベルの議員さんはみんな無報酬です。そういう、正式な自治制度があるんですね。

ハガティ　コミュニティボード自体には明示的な権限はありませんが、実質的には発言権を持っていて、当該地区において何かプロジェクトがある場合には、やはり政治家はそのコミュニティボードの決定や意見をある程度尊重する、もしくは聞くということが行なわれています。ニューヨーク市でホームレス対策に関する何らかのプロジェクトが行なわれる場合には、コミュニティボードは基本的には非常に強く反対するのが通例です。この当時はディンキンズ市長が政権を担っていて、新たに二四のシェルターを二四のコミュニティで設置しようと計画していたわけですが、結果として反対する住民から二四の訴訟が起こりました。

私は、最初にコミュニティボードのメンバーの人たちや、ほかのニューヨークの市民団体の人たち、あるいは民間の企業の人たちにも会う中で、何がタイムズスクエア・ホテルの解決策になり得るかを話し合いました。四〇ページ程度の解決策に関する提案書を作成して、それを関係者に配布して共有しました。四〇ページの提案書をつくる前には、数ページの提案書みたいなものをつくったのですが、それがどんどん発展していったのです。

一九九〇年七月半ばぐらいまでに至ると、コミュニティボードや地域の市民団体の人が私の提案に非常に関心を持ってくれる一方で、前から接触していた住宅関連の団体の人たちはあまりこれに乗ってこないというか、関係してくれない状況でした。ちょうどこの頃のことで覚えているのは、私は自宅に帰るブルックリンへ向かう地下鉄の中でこう思ったのです。このプロジェクトは、資金的な裏づけがある。お金を回すことができる。既存の公的住宅の枠組みを使うことができる。ホームレス対策にしては珍しく、地域住民の支援もある。このプロジェクト自体は、本当に実現可能性を持っている、と。

解決できる人物、それは自分自身だった

ハガティ　私は自分の中で問題に突き当たったとき常に、では何かもう一つ問題を解決するためにできることはないか、と考えるようにしています。だれが問題を解決できるかと考えて、私は解決できるかもしれない人のリストをつくるのです。その人たちの個人的な資質、経験、あとどういうネットワークを持っているか。この問題を解決するためには、それらすべてが必要なわけです。そのリストを全部つくって、だれがどれを持っているか、持っていないかをリストアップしました。

このリストをずっと見ていって自分の名前まで来たときに、あっ、それは自分だ、と気づいたのです。非常に不思議な瞬間でした。自分なら解決できる、自分はこの三つの要素を全部持っている。だったら自分で新たな団体を立ち上げて、自分が解決すればいいんじゃないかと思い至ったわけです。それが、〈コモン・グラウンド・コミュニティ〉が始まったきっかけです。そういう点では積極的にというよりは、結果として起こってしまった。私はずっと、だれかがやってくれると思って、やってくれる人を探していたわけですけれども、結局それを担当してくれる人がいなかった。他方で自分が解決策を持っているという状況の中で、では私がやろうということに至ったわけです。

青山　今の三つの要素のうち「資質」というのは、一つはコンバージョンのノウハウを持っているということですか。

ハガティ　アフォーダブル・ハウジングやサポーティブ・ハウスのようなものに対する基本的な考え方、知識を持っているということです。単なるアフォーダブル・ハウジングというよりは、サポーティブ・ハウスですね。例えば、お金がない人だけではなくて、そのほかの理由でもやはり周辺に追いやられてしまって

いるような、ハンディキャップを負っているような人たちに対して、どう住宅を提供するか、どういうプログラムがあるかということも、やはり知っていなければいけないということです。

あと「経験」という点では金融のことも知っていなければいけませんし、市当局の関係者との「ネットワーク」なども必要ですし、地域の人々とのコネクションもなければいけません。

社会企業では、新しい考え方があって、それに突き動かされて新しい団体をつくって、組織をつくって事業を始めるということはよくあることです。

ニューヨーク市のシェルター政策とは

青山　一九九〇年春頃のニューヨーク市のホームレス対策は、まだ大規模なシェルターを幾つもつくるということだったと思うんですよ。その頃私は東京都でホームレス対策をやっていましたから、ニューヨーク市のシェルターを、随分見に行っているんです。今ロザンヌから話があったように、その頃のニューヨーク市のホームレス対策は、体育館とか兵舎の跡地にとにかく大量のベッドを並べてシェルターをつくるというものでした。私の見た中で最大のものは、市役所からそれほど遠くないダウンタウンで、兵舎の跡の大きなスタジアムみたいなところにベッドが五百ぐらい並んでいるんです。それを中二階から全部監視できるという。そういうシェルターを見たことがあります。その種のものは、いずれも期限つきなので、入っては出ていくということが永遠に続くプロジェクトであり、非常にコストがかかります。それが行き詰まっているという話が先ほどあったわけです。

その頃私が見たシェルターの中でも、例えばセントラルパークの東側の、イーストサイドあたりの高級住宅街の中のホテルを市が買い取って、それを家族用の住宅にするということを行政も行なっていたんです。

そういうふうにする場合には、きちんと生活の相談に乗る人たちがついていたわけですが、それはごく一部でした。少なくとも兵舎に五百のベッドを並べるみたいな、そういうシェルターは全くホームレス生活から脱することには役に立たないですね。一時的に一休みするだけの機能しか果たしていない。そういう中でいろいろ問題が行き詰まっていったというのが、一九九〇年頃のことだったと思います。それが、『ニューヨーク・タイムズ』の記事にも結びついたということだったんです。

先ほどの話の中で一九九〇年の春頃に、ホームレスを支援する法律家たちが四百世帯のホームレスを移動するプロジェクトを提案したというお話がありました。これは市の行政ではなくて、運動家たちが自主的に行なったのですか。それから、どういうふうに移動させたんですか。

ハガティ　青山さんも指摘されたように、一九九〇年当時の行政の対応は非常にお金がかかるものでした。セキュリティにもお金を使わなければいけないし、食事も提供しなければいけない。ただし、そこから何も新しいものを生み出していないということですね。問題解決に至らず、お金だけがかかるというような状況だったわけです。

そのプロジェクトは、ホームレスを支援する法律家たちが市を相手に訴訟を起こしたということです。その訴訟の内容としては、ホームレスの人たちが（日本語で言うと）「最低限度の生活」を保障されていないというもので、市を相手にした訴訟でした。

結果として市は妥協というか合意をして、その四百名をより安全なシェルター、もしくはアパートに移住させることになります。

青山　なるほど、きっとそれを私は見たんですね。例えばセントラルパークのイーストサイドとかは当時、市がすごく自慢していたんですよ。

シェルターはホームレスの根本解決とならない

ハガティ　その当時のホームレスが置かれていた状況に比べれば、シェルターはまだよかったわけですね。そういう点で行政担当者の人も、現状に比べたらシェルターの方がいいじゃないかという言い方はできたかもしれません。ただし、それは根本的には何の問題解決にもならなかった。一九九〇年というのは多分、ニューヨーク市におけるホームレスの数がピークを迎えた頃です。社会的な病理というか、社会的な災害であったと言えます。

青山　当時は、セントラルパークにもホームレスが住んでいましたから。たき火もしていた。私はセントラルパークに住んでいるホームレスたちの写真を撮って、追いかけられたことがあります。

ハガティ　シェルターについてまず概要から申しますと、ニューヨーク市はちょっとほかの市とは別のアプローチをとっていた部分もありますが、基本的にはシェルターというのは非常に大きな建物や、大きなスペースを使って多くの人を収容します。たとえるならば、災害が発生した後の避難所のようなものです。きわめて最低限のものだけが提供され、その後の解決策は提供されず、とにかくそこにとどまる。大きさとしては、二百―四百人ぐらいが収容できるものが多いです。

一九九〇年はたしかに悪かったのですが、それでもニューヨークのシェルターの状況は比較的ほかの都市よりも安全ですし、クリニックサービスやほかのサポートも提供されるような状況でした。

どういうふうにしてシェルターに行くかというと、「アウトリーチ」といって、実際に現場まで行ってホームレスの人に「行きませんか」と勧めるような、そういう担当者がいました。実は今は〈コモン・グラウンド〉のスタッフがそういうアウトリーチにも非常にかかわっているのですが、昔はアウトリーチ担当の市のスタッフが行って、シェルターを勧めていました。ニューヨークのホームレスの人の多くは、シェルターがあることは認識をしています。男性であればまず最初に行く中央シェルターみたいなところが三〇番通りのあたりにあって、そこに行く。女性もやはり女性用のシェルターがあって、最初はそこに収容されます。

青山　問題は、多くの人がホームレス対策はシェルターをつくることだと誤解しがちなんですが、実はそれは根本対策にはならないわけですね。なぜかというとそこは家ではないわけで、単にプライバシーのない一夜の宿があるだけ。普通、シェルターというのは期限つきで、もちろんベッドがたくさん並んでいるところに大勢が一生住むということはあり得ないわけで、それは解決策にはなっていないわりです。でもそれを誤解していて、シェルターをたくさんつくるのがホームレス対策とイコールだと誤解しがちなんですね。歴史的に言うと、どこの都市もホームレス対策というとまずシェルターをつくるところから始めています。一九九〇年頃のニューヨークは、やはりそれが根本対策ではないですから、その問題点が極限に達していたという状態だったんですね。

実はこの問題はホームレスの問題だけではなくて、貧困対策一般に通じることなんです。今の日本で最も問題なのは貧困対策ですが、この貧困対策も生活保護をかければそれで終わりと考えたら大間違いです。生保をかけたことは何の解決にもなっていない。一時しのぎになっているだけですね。今、派遣労働者が失業して、アパートを追い出されました、寮を追い出されました、という場合に、弁護士が区役所に連れていって生活保護をかける。これが解決策と誤解されているわけです。生活保護にかかっても、その人にとって全く解決になっていないんですね。それは単に今日食べるのに困らないというだけの話であって、雇用されて、職場を見つけて、自分の仕事で生きていくという、その人の本来の生活ができて初めて解決策であって、生活保護にかかっている状態は一時しのぎにすぎないですね。だから、ここを間違えないようにしないといけないということです。

一時的対策ではコストが高くつく

ハガティ　一時的な対策というものは、その後の長期的な戦略とリンクしている場合にのみ意味のあるものであって、一時的な対策だけでは問題は解決できないということです。終わりなき一時しのぎ的な対策は、コスト面から見ても非常に高いものにつきます。それよりは問題の本質をとらえてそれを解決していく方が、コストの面からも安上がりです。シェルターに収容されている人は、基本的には自分たちの生活をマネージするために何も払っていないわけですね。問題解決にならない。それよりも例えば職業訓練のプログラムを提供するといった形で、自分たちが自立した生活をするための支援をしていく方がコストも安いし、最終的な解決にも結びつきます。

いま我々、もしくはほかのサポーティブ・ハウスを提供している人たちが行政担当者に主張していることは、実はシェルターはコストが高いということです。基本的に年間で、シェルターだと二万三〇〇〇ドル、監獄の場合には三万八〇〇〇ドル、精神病院の場合には一一万五〇〇〇ドル、例えば病気になって収容されてしまって病院で面倒を見ると一日大体千ドルかかります。それに対してサポーティブ・ハウスは一人当たり年間で一万五〇〇〇ドル、一五〇万円ぐらいです。費用の面から見ても、経済的です。

青山　アメリカは公的医療保険がないから、貧困のため民間医療保険に入っていない人が医療にかかると一日一〇万円かかる例もあるのですね。

ハガティ　ですのでよく議論されていることですが、一日病院にいれば、一人の一カ月分の家賃が支払えてしまう。

個人責任と公的支援のバランス——サポーティブ・ハウス

ハガティ　サポーティブ・ハウスに入る人たちは、もちろんさまざまな形で家賃補助のような公的な支援を受けています。でも一方、例えば〈コモン・グラウンド〉の場合には、彼ら自身の収入の中の三〇%を家賃として払わなければいけません。ただ補助を受け取っているだけではなくて、彼ら自身にも責任が生じて、ちゃんと支払いをしているというところがほかとは違うことです。個人的な責任と公的な支援のバランスが非常にとれたものが、このサポーティブ・ハウスだと思います。

青山　現在の〈コモン・グラウンド〉の、例えばタイムズスクエア・ホテルなんかもサポーティブ・ハウスという範疇に入るんですか。

ハガティ　そうです。

青山　今の数字、例えば精神病院だと年間一一万五〇〇〇ドルかかるのに対して、サポーティブ・ハウスの場合は年間一万五〇〇〇ドルぐらいしかかからないという計算は、二〇年間の活動の蓄積として算出したのですか。

ハガティ　当初は我々が市の各部局に電話をかけて、一人当たりどれぐらいかかっているのか、一施設にどれぐらいかかっていて、そこに何人いるかというところから割り出してきたのですが、今は〈コーポレーション・フォー・サポーティブ・ハウス〉という団体があって、そこが各施設で毎年どれぐらいかかるのか計算をし、それをアップデートしていきます。その情報は我々〈コモン・グラウンド〉だけではなくて、ほかの組織も利用しています。数字自体は、各行政組織が公にしている数字です。

青山　この数字は、非常に説得力ある数字だと思うんですね。これは〈コモン・グラウンド〉の年次報告書にも載っています。

〈ブルックリン・カソリック・チャリティ〉で行なっていたプログラムのサポーティブ・ハウスのプロジェクトでも、やはりそういう考え方でやっていたんですか。

ハガティ　〈カソリック・チャリティ〉で働いたときには五つのプロジェクトにかかわったのですが、人々が例えば以前ほど病院に行かなくなったとか、シェルターに行かずに、自分たちで仕事をし始めたことで、これは多分社会全体で見たときにコストも安くなっているんじゃないかということは、感覚的には思っていました。そういう人たちが例えば自分の住んでいるアパートメントの補修をするなど、人間的な部分でも非常に利点がありますが、それはまた公的な、社会的な面でもやはり利益、利点があるのではないかと思っていました。実際に数字を見てみたのは、〈コモン・グラウンド〉を始めてからですね。ほかの人たちと一緒に、それぞれが幾らぐらいかかっているのかを計算しました。

やはりこのお金の部分は非常に説得力を持つところで、どうしても例えばホームレスの人にとって人間的によりよい環境だということだけでは説得力を持たなくて、それよりはコストから見たときに、なぜシェルターみたいに経済的に無駄なものを続けているんですかという経済面の説得の方が、人々に対して非常に説得力を持ち得ます。そういうことで、我々はこの数字を常に使うようにしています。

〈コモン・グラウンド〉のマネジメントの特徴

青山　タイムズスクエア・ホテルのプロジェクトを〈コモン・グラウンド〉が始めたという場合、このコンセプトというかスキームというかノウハウは、〈ブルックリン・カソリック・チャリティ〉のサポーティブ・ハウジングの手法を踏襲しているのか、それとも革命的に新たに違った手法にしたんですか。

ハガティ　最初に申し上げたいことは、大規模な低所得者向け住宅というものが基本的には失敗してきたという歴史があります。低所得者の人たちを集約して住まわせるということは、多くの場合、社会的な問題を引き起こしてきたと言えると思います。既存のプログラムと〈コモン・グラウンド〉の違いですが、我々はこういう大規模な施設が失敗した原因はマネジメントの仕方に問題があったのだと考えました。我々は特にサービスとかマネジメントを提供する方法に主眼を置いて、タイムズスクエアの場合はそれを一つの「村」ととらえて、その中のサービス提供もしくはマネジメントの提供の質を高めていくところに主眼を置いた点が違うわけです。

青山　これは、〈ブルックリン・カソリック・チャリティ〉では限界がありましたか。

ハガティ　私がかかわった施設で、成功していたものも数件ありました。老人用の住宅はどちらかというと成功していましたね。ポイントとしては修道女みたいな入居者がいて、その人が「問題ないでしょうか」と見てまわる。その人を飛び越えて何かをすることができない形で、その人が老人の面倒を見ている、と。我々が提供したサポーティブ・ハウスの方は、スタッフもしくはマネジメントの提供という点で十分ではありませんでした。もうちょっとスタッフがいたら、もうちょっとサービスがよかったらいいのに、というところがやはり一つ問題でした。また、そこに住んでいる入居者の多様性という点でも、ホームレスの人の施設ですので、多くの人はそこから働きに出ようという姿勢にならない。そういう問題がありました。

この一九八〇年代後半という時期のもう一つの議論としては、サポーティブ・ハウジングの環境の質的な向上をどうすればいいかという議論がありました。私はそういう話をずっと聞いていて、デザインというもの――いろいろな意味でのデザインです――によって、こういう質的な向上を成し遂げられるのではないかと考えました。例えば、さまざまなサービスやサポートを提供するような住宅施設であったり、ほかのサポートの質的な向上であったり、さまざまなアイデアがちょうど出始めた頃です。〈コモン・グラウンド〉というのは、そういうふうにいろいろなアイデアを集約し、統合させた取り組みであったと言えると思います。

買取り資金を市のローン・プログラムの利用で

青山 〈コモン・グラウンド〉の最初の仕事は、タイムズスクエア・ホテルを買い取ることだったんですね。そのときに、資金をどうやって集めたか。どこから幾ら資金を得たかについて、話を聞かせてください。

ハガティ このプロジェクトのために、トータルで五一〇〇万ドルの資金を集めました。まず、二九〇〇万ドル弱はニューヨーク市からでした。これはローン・プログラムであって、ニューヨーク市の住宅開発及び保護の部局の所管でした。このローンの特殊なところは、もしそれがその数年前、例えば一九八七年であったら、こういうローン・プログラムは実現不可能であったということです。先ほど話したような問題がちょうど本当に深刻化したということで、ニューヨークが地方債のようなもの（税収を担保とした債券）を四四億ドル分発行して、それを住宅問題の解消のために使用し始めたのです。

特にこの当時はアバンダンド・ハウス（放棄された住宅）が非常に増えてきた時期でした。特にハーレムとかブロンクスといった地域ですね。そういうものへの対応として、またホームレスが増えておりましたので、その対策として地方債を発行することをやっていました。

放棄された住宅への対応というのは、例えば税金を払えなくて物納されたようなアパートメントを低所得者用の住宅に改修する、そのためのお金として四四億ドルの地方債の一部が充てられて、新たに一〇万戸の住宅を提供する、ということも行なっていました。そういう点でこの時期は、ニューヨークでも非常に特殊な時期といいますか、今までやってこなかったようなことがスタートしていた時期でした。

青山　例えば同じニューヨークでもマンハッタン北部のハーレム再開発公社のプロジェクトなんかにも、この地方債からお金が行くんですね。

ハガティ　同じ地方債のお金が使われています。もう一つ特殊な点としては、私の手がけたタイムズスクエアというのは、そのお金の残った少ない中から拠出されたものだったことです。先ほど申し上げた一〇万戸の住宅供給というのは家族向けだったのですが、ちょうどその当時、関係者の中で、いわゆる単身世帯に向けた住宅供給政策もしなければいけないと議論になっていました。ちょうどタイムズスクエアのプロジェクトはシングルユニット（単身者向け）でしたので、ではここにお金を使ってみようという形で、二九〇〇万ドルの借り入れができました。

これは、ローンではあるのですが、非常に利息が低いものです。年利一％という非常に低額の利息で三〇年間の貸し付けになっていました。というのもホームレス対策の住宅ですので、これが成功するためには、やはりあまり金利が高くては成功しないということがあって、ほとんどグラント（補助金）と同じようなレベルでの貸し付けでした。

青山　今でも、〈コモン・グラウンド〉は返済を続けていますか。

ハガティ　この貸し出し事例の特殊だったところは、もし二六―三〇年間この建物をちゃんとメンテナンスして、その目的に合致した低所得者もしくはホームレスの人に貸し出しをしてサービスを提供していれば、最後の五年間で借入金の二〇％ずつを差し引いていくのです。

青山　つまり、元本は返さなくてよくて、年利一％だけを毎年払っていけばいいということですね。たしかに補助金と同じですね。

ハガティ　その当時は一〇万戸以上のそういう空き家があり、だれも税を払っていない中で、単にそれを

タイムズスクエア・ホテルのロビー（現在）

修繕するというだけでは問題を解決することができません。ですので、よりインセンティブのあるようなプログラムにしなければいけないということが、市当局側の考え方だったわけです。

企業からの出資

青山　ローンの話はわかりました。非常にスマートなシステムだと思います。この二九〇〇万ドルを〈コモン・グラウンド〉は借り入れて、それからタイムズスクエア・ホテルを買うのに幾らかかったんですか。

ハガティ　ここでつけ加えなければならないのは、この二九〇〇万ドルがすべてではないんです。この借り入れをするときに、市側からは、ほかの出資者もしくは借入先も見つけなさいということが条件としてありました。

そのため、まず一つ、州の低所得者用の住宅に対するプログラムのお金も利用しました。これは、通常使われるプログラムのお金でした。

もう一つ、歴史的な建築物を保全するための連邦政府の助成金も利用しました。この助成金自体は、金額的な枠組みだけを設定するもので、実際のお金は民間の会社がその枠組みにつけます。政府がお金を出すのではなく、政府はこれぐらいのお金をあげますよという枠組みをつくるわけです。そこに民間の企業がプロジェクトとしてお金を入れます。民間の企業は、そうすることによって税制上の優遇（タックス・クレジット）を得ることができるのです。またそれによって、そのプロジェクトの期間中は、出資した企業がそこのオーナーシップも持てるというかたちになっています。

このとき出資してくれたのは、四つの会社でした。ＪＰモルガンとアンカー・セービングスという金融機関、あとアイスクリームの会社――当時はベン＆ジェリーという会社で、今はユニリーバというもっと大きな会社に買収されてしまいましたが――、それから洗剤・漂白剤のクロラックスという会社が、それぞれタックス・クレジットのシェアを買うという形で投資をしました。ちょっとあり得ない組み合わせかもしれませんね（笑）。

出資された金額は、四社合計で二二〇〇万ドルです。ちょっと先ほどの話に戻ると、市当局は最初六〇〇万ドルぐらいは集められるかなという見込みの話をしていました。それは多分、家具の買い直しと、一部のインテリアとか外壁のやり直しぐらいは何とか賄えるかなという金額だったのですが、実際に蓋を開けてみたら二二〇〇万ドル集まったということで、これは市当局も非常に驚いたわけです。

全体としては、建物の取得とリノベーション・内装、それにファイナンスや保険料その他の経費を含めて、合計三六〇〇万ドルかかりました。先ほどの二九〇〇万ドルとこの二二〇〇万とで、合計五一〇〇万ドル持っていましたので、三六〇〇万ドルを使っても一五〇〇万ドルが余ったわけです。ですのでその一五〇〇万ドルはプロジェクトの予備費というか、資産として残すことができました。

立ち上げたNPO〈コモン・グラウンド〉の資産づくり

ハガティ　私の仕事に対しては、最初はプロジェクトの費用として支払われていました。でも、ここが非常に興味深い点だと思いますけれども、今回こういうお金ができたときに、新しく〈タイムズスクエア・リミテッド・パートナーシップ〉というリミテッド・パートナーシップを立ち上げて、そこにデベロッパーズ（開発者）・フィーとしてお金を入れる。それが一二〇万ドルでした。まず〈コモン・グラウンド〉に、一二〇万ドルのデベロッパーズ・フィーが行きました。その一二〇万ドルを、新しく別のリミテッド・パートナーシップを立ち上げて、そこに入れたということです。

日本では、アメリカでどうやってＮＰＯが資産をつくり出すかということを非常に疑問を持たれると思いますが、こういうふうにデベロッパーズ・フィーという形で入れてしまうことで、資産をつくり出すことができます。

青山　それは別のＮＰＯですか。

ハガティ　それはＮＰＯじゃありません。〈コモン・グラウンド〉というＮＰＯが、このプロジェクトのために別の特殊目的の組織をリミテッド・パートナーシップという形態で新しく立ち上げて、そこが実際の運営を行ないます。〈コモン・グラウンド〉はこのリミテッド・パートナーシップの出資者になるわけです。

青山　アメリカのリミテッド・パートナーシップという制度は、直訳すれば有限責任の共同事業組織です。無限責任を負う人と有限責任を負う人で共同事業を実施する組織をつくる。つまり元々のＮＰＯとは別のそういう組織を立ち上げて、ＮＰＯからそこに資金を移して蓄積し、新たに大規模な事業を開始する資金蓄積もできるというわけですね。これは、ＮＰＯが収益を上げた時に出資者に分配することなく、新たな投資に向けて蓄積するという、株式会社の市場原理とはまったく違う組織原則を持っていることから、それに対応する制度として利用できるということができます。

さらに〈コモン・グラウンド・マネジメント〉を立ち上げる

ハガティ　さらに、これとは別に、このプロジェクトのマネジメントのために会社を別に契約していたわけです。最初はその会社を使ったのですが、あまりよくないということで、〈コモン・グラウンド・マネジメント〉という別のＮＰＯを立ち上げました。ですので通常のプロジェクトのマネジメントのお金は、この〈コモン・グラウンド・マネジメント〉の方に行きます。ただし、一回きりですが、一二〇万ドルはデベロッパーズ・フィーとして〈コモン・グラウンド・コミュニティ〉本体に入ってきます。それで実際にこれを主導して、デベロッパーとしてプロジェクトをやりました。これがいわゆるNPOが資産を形成するときに非常に大きな鍵となります。

青山　ごく簡単に言うと、マネジメント会社を使ったけれどもそれがうまくいかなくて、〈コモン・グラウンド・マネジメント〉という別のNPOをつくった、と。それは別として、NPO法人としての〈コモン・グラウンド・コミュニティ〉に開発者フィーの一二〇万ドルが入ってきたと考えていていいわけですか。

ハガティ　年間のフィーは〈コモン・グラウンド・マネジメント〉に入ります。ポイントとしては、一回きりですけれどもデベロッパーズ・フィーというものが〈コモン・グラウンド・コミュニティ〉に入ってきた。それが、資産形成のために非常に大きいということです。

青山　これが資産になるわけですね。それで、次のプロジェクトにも使えるわけですか。

ハガティ　はい。

青山　これが、いわゆる社会企業論（二三五頁以下参照）の、利益が上がった場合でも出資者に配当するのではなくて事業の拡張に使うという理論になるんです。日本では、NPO法人は収益を上げてはならず、それを使い切るという考え方だから、こういうことがないんですよ。

ハガティ　ニューヨーク市の条例によってデベロッパーズ・フィーがどれぐらい拠出されるかという規則が決まっています。それと、先ほどの五一〇〇万ドル集めて三六〇〇万ドルしか使わなかったということで一五〇〇万ドルが残りましたが、これはプロジェクトのために集めたお金なので、このタイムズスクエアのプロジェクトの予備費として残されました。

プロジェクト・スタッフの内訳と給料の出所

青山　このプロジェクトを立ち上げるために、何人のスタッフを雇ったんですか。

ハガティ　まず建物を実際に所有するまでは、雇いませんでした。建物からお金が入ってくるようになってから、六人雇用しました。全部のリノベーションが終わるまで雇わなかったわけではなくて、市からお金が入った段階で六人をまず雇いました。なぜかというと、四百人は他に移ったとお話ししましたが、このホテルにはまだ二百人ほど住んでいる人がいました。ですので、修繕をしながらでもその二百人に対するサービスの提供をしなければならなかったということがあります。そのほかに、元々状態が悪かったにせよタイムズスクエア・ホテルとして機能していたので、そこのスタッフ二四人を引き継ぎました。いわゆる管理人とか、警備員、全体のメンテナンスの人、あとはエンジニアとかメイドとかです。

――このときは、ハガティさんは〈タイムズスクエア・リミテッド・パートナーシップ〉の代表者ですか。

ハガティ　そうですね。私がトップで、ただし、パートナーとなっている会社の人などもいました。一九九一年三月にタイムズスクエア・ホテルを入手して、そのときは〈コモン・グラウンド・コミュニティ〉にスタッフ全員が所属していました。プロジェクトが進む中で、一九九三年二月からはこの〈タイムズスクエア・リミテッド・パートナーシップ〉にホテルの所有権が移り、そこで全員の給料が、リミテッド・パートナーシップの方から払われるようになります。税法上の技術的な問題で言うと、実際は〈コセン・グラウンド・マネジメント〉というもう一つ立ち上げた会社からお給料が支払われていたのですが、どこからお金が入ってきているかということで言うと、パートナーシップの方から下りてきています。

プロジェクト開始は州・市の組織と共同で

青山　一九九〇年の三月に権利を入手して、実際に修復が終わって〈コモン・グラウンド〉としてのプロジェクトが開始されたのは、いつと考えればいいですか。

ハガティ　一九九一年三月に、まず最初は〈コモン・グラウンド〉としてビルを入手します。その後にお金が入ってきて、一九九三年二月に〈タイムズスクエア・リミテッド・パートナーシップ〉の方に所有権が移ります。このリミテッド・パートナーシップの枠組みを使って建築物を入手した場合は、一五年間はリミテッド・パートナーシップが所有権を保持しなければいけないので、二〇〇九年の秋やっと〈コモン・グラウンド〉に所有権が返ってきました。

青山　入居者に対する新しいサービスを始めたのは、一九九一年三月と理解していいですか。

ハガティ　サービスに関しては、一九九一年三月二十五日に、すべての責任を〈コモン・グラウンド〉が負うようになりました。

青山　この時点で、タイムズスクエア・ホテルの入居者は何人いましたか。

ハガティ　一九六人です。

青山　このときに、〈コモン・グラウンド〉のスタッフは何人いましたか。

ハガティ　最初のときには、建物と一緒にくっついてきた一八人がいました。その後の四カ月で、私の下に五人のスタッフを雇用しました。

青山　この時点では、まだこの一九六人の人たちに対する職業訓練とか就職とか、そのほかのサービスというのはまだ不十分でしたか。

ハガティ　基本的には〈コモン・グラウンド〉が管理運営を行なうことになっていたわけですが、この事業を始めるときに〈センター・フォー・アーバン・コミュニティ・サービス（CUCS）〉という組織と共同することを決めておりまして、その別組織が四人のスタッフをタイムズスクエアに配置しました。彼らは社会福祉とかメンタルヘルス、精神的な問題についての相談などのサービスを三月二十五日から提供しました。その年の秋までには、このCUCSは、大体一〇人ぐらいまでスタッフを増やします。彼らのお給料はこのプロジェクトではなくて、州とか市の精神衛生のプログラムからお金が来ていました。

このCUCSというのは、元々はコロンビア大学の研究所が発展的に組織化されたものです。〈コロンビア・ユニバーシティ・コミュニティ・サービス（Colombia University Community Services）〉が発展して、それを〈センター・フォー・アーバン・コミュニティ・サービス（Center for Urban Community Services）〉にしたので、CUCSという綴りだけは残したわけです。

入居者のための雇用の創出

ハガティ　あとは、これをスタートしたときにやはり経済的な問題や雇用の問題も解決していこうということがありました。それで出資者のうちの一社であるベン&ジェリー・アイスクリームから店舗を開設するという約束を取りつけました。

その当時の八番通りの四三丁目というと、もう安っぽいお土産屋か、いわゆる成人向けのお店しかないところでした。ただ、その八番通りと四三丁目のところに四店舗分のスペースがあったので、その一つを確保して、そこでアイスクリーム屋さんをやるという約束を出資者から取りつけたのです。我々の活動の目的として、地域の経済開発の発展もありましたが、やはり大きな会社、ちゃんとした会社が入ってこないという

〈コモン・グラウンド〉による改装後のタイムズスクエア・ホテルの部屋（右頁上）、
各室のキッチン（右頁下）、各室の洗面所（左頁上）、各室のシャワースペース（左頁下）

タイムズスクエア・ホテルのアイスクリームショップの看板（右下）

状況がありました。そうであれば、まずは我々自身がビジネスをスタートすることによって、この地域は可能性があるんだということを示そうと考えました。

いろいろな契約の問題などもありまして、一九九四年四月に、この八番通りと四三丁目のコーナーにアイスクリーム屋さんを開設しました。そこで、我々の入居者の中から六人雇用してほしいということで、まずアイスクリームの会社に雇用をしてもらったわけです。そこで成功して、次に隣にスターバックスがオープンします。そこでも、タイムズスクエアの入居者を雇用してもらう。それが成功すると、今度はデリがその隣にできます。そこでもやはり入居者を雇用してもらうという形で、その地域に新しいビジネスを持ち込むと同時に、自分たちの入居者が働いてもらうようなことを行なうことができました。タイムズスクエアの管理を行なう〈コモン・グラウンド・マネジメント〉の会社自体も、自分たちの入居者を会計や、デスクワークに雇用しました。それが職業訓練であったり、雇用の場として機能する形になっていきました。

新しいサービスは入居者とボランティアとCSRなどで

青山　一九九一年三月二十五日に新しいサービスを開始した時点で、入居者は一九六人いたわけですけれども、この人たちのうち、仕事を持っていた人は一人もいなかったんですか。

ハガティ　二五人ぐらいです。昔から住んでいる人のほとんどは、高齢者か、精神的もしくは肉体的に障害を負った方です。前に言った他に移った四百人というのは、大体家族ですね。残ってしまった人は単身世帯の高齢者とか、ハンディキャップを負った方が多かったのです。この残ってしまった人は、家族の人たちが出ていってしまったり、次々にオーナーが変わったりということで、PTSDというか、非常に精神的に不安定な状態にありました。我々が入ってきたときも、また新しい人間が入ってくるということで非常に懐疑的でした。そのため何回も何回もミーティングを重ねたわけですが、やはりそれでも納得をしてもらえなかったので、まず最初にとにかく質の向上をしようと、最初の三カ月間は部屋の清掃をしました。それは改修を始める前ですが、クリーニングをする、エレベーターを直す、もしくは少しでもいい環境の部屋に移ってもらう、といったことで、ボランティアの協力を得ながら、とにかく我々は改善をしているんだ、状況がよくなるんだということを住んでいる人たちに体感してもらうことを進めました。

青山　ボランティアは何人ぐらいいましたか。

ハガティ　大体のべ百人ぐらいだと思います。例えば大学や民間企業からの社会への貢献（CSR）としてボランティアになりたい人と、実際のボランティアの仕事とを結びつけるようなサービスを〈ニューヨーク・ケア〉というところが行なっていて、そういうところを通じて民間企業からのボランティアがきたり、

あとは、市当局がやっている〈シティ・ボランティア・コア（City Volunteer Corps）〉という組織からなどです。あとは高校などにも呼びかけて、例えばペンキ塗りといった作業を大体最初の三カ月間は行なっていました。

入居者の多様性を確保する

青山　最初引き受けたときにいままでの入居者が一九六人いて、この入居者を今度は増やしていって、それから最終的に六五二室に増えていったわけですね。どういう人を引き受けていったのか、基準について教えてください。

ハガティ　最初に七五〇室強あったものが六五二室に減りました。その理由は、やはり各部屋にお風呂と台所を設置したかったので、そういうリノベーションをするとある程度数が減ったということがあります。元々一九六人の人がいたわけですが、その残りの室は、半分はホームレス、半分は低所得者用ということで、大体年収三万ドルを上限としました。

タイムズスクエア・ホテルのルーフ・バルコニー（現在）

ただし、ほとんどの入居者は年収二万三〇〇〇ドル以下の人を入れようということにしていました。その当時、税制上もしくは制度上の支援を受ける場合には大体二万三〇〇〇ドルが支援を受けられる上限であって、基本的に低所得者の人たちを入れることにしたわけです。けれども、やはり収入の面である程度多様性を持たせようということもあり、さまざまなプログラムの上限は二万三〇〇〇ドルであるけれども、それを外れる三万ドルの人までは入れようということで、一部の部屋は三万ドルの人までにしました。

それを除いた残りが三二六人になったのですが、半分のホームレスの方は、基本的には現状から脱したいという意思を持っている人を基準としました。例えばドラッグの中毒にかかっているけれども、そこから脱するために何らかの治療を受けているような人、もしくは精神的な疾患や問題を抱えているけれども、そのためのケアを受けている人、そういう人を対象としましょうということが基準でした。特にその中でも二百人に関しては精神病を抱えている人で、五〇人は、その当時ちょうどエイズの問題が深刻にとらえられていましたので、エイズにかかっているホームレスの方でした。ただ、実は元々いた一九六人の多くの人が精神的な疾患を抱えていたので、その二百人の中に当てはまりました。残りの七六人はさまざまな理由で精神的に問題を抱えていたり、エイズは抱えていないにせよ不運な状況でホームレスに陥ってしまった人が入居しているということです。

低所得者も、例えば年収二万三〇〇〇—三万ドルの層、あとは一万七〇〇〇—二万三〇〇〇ドル、一万五〇〇〇—一万七〇〇〇ドル、それ以下、というような形で、各段階に分けてターゲットしました。下限が大体一万三〇〇〇ドルで、それ以下の人もいるわけです。例えば、ソーシャル・セキュリティ・サービス（社会保障）みたいなものしか受けていないような人です。ただしこのとき我々がプロジェクトでターゲットにしたのは、基本的に仕事を持っているような、しかし低所得の人でした。

こういう基準をつくることによって、状況をより複雑なものにしてしまったかもしれませんが、当初の私には、収入面でも多様性をやはり持たせなければいけないのではないかという懸念があり、このような基準を設定しました。今はまた別の基準を持っていて、その中でも最優先なのは、健康面で深刻な問題を抱えていて、しかも長期にわたってホームレスの状況にあるような方を対象にしていこうとしています。

――収入面での多様性というのは、タイムズスクエア・ホテルの中に、ある一定の階層の人だけが集中するのではなくて、いろいろな人がいるようにしたいという趣旨でしょうか。

ハガティ　このプロジェクトを始めたときに、多くの人が懐疑的だったのは、ホームレスの人が住みついていたような建物に、一定程度収入がある人が本当に居住するのだろうかということでした。我々は、それに対して、さまざまな水準の収入がある人でも住めるような施設を、そういったサービスを提供するんだということを示すためにも、収入面でも多様な人を入れたかったということです。

青山　現在で一番収入の多い人は、幾らぐらいの人が入っているんですか。

ハガティ　六万ドルですね。年収が上がったからといって、出ていかなくてもいいわけです。

青山　最初は三万ドル以下だったわけですね。その後収入が上がって六万ドルになったが、それでも出ていかなくていいと。一生住めるわけですね。

ハガティ　そうです。稼いだら出ていかなくてはいけないというのもある意味でのインセンティブではありますが、そうではなくて、稼いでもちゃんとここにいていいんだよということにしました。

住み続けることを保障し、移転後のケアも

青山　私はやはり、一生いていいというのが非常に大きな要素だと思うんですよ。つまり一旦生活が破綻

タイムズスクエア・ホテルの廊下（現在）

した人は、薬物、エイズとか、精神・身体障害とかいろいろな問題を持っているわけです。その場合に、その問題が完全に解決するということはあまりありません。ですからこういったコミュニティの中でケアを受けながら、生活し続けるということが大事なのです。期限を切ってしまうとまた生活が破綻する可能性があるので、ずっと住んでいていいということは非常に重要な要素だと思うんです。

ハガティ　もちろん可能な限りこの建物から移転をしていただくということは、積極的に支援をしています。ただし、アルムナイ――同窓会や卒業生ネットワークみたいなものですが――を作って、出ていったとしてもその後もちゃんとサポートをしますよということを示して、出ていってしまったことによって疎外感を抱くようなことはないようにします。

青山　そのアルムナイは、専門家のケアを含んでいますか。

ハガティ　退所される方は、基本的にはコミュニティや職場でちゃんとしたサービスを得られるような環境下にあるわけです。ただし、それでもなおいつでも電話をかければ、我々のアシストも得られることにしています。

青山　いまこのプロジェクトが大体二〇年たったわけですが、最初から住んでいる一九六人の中で残っている人はいますか。

ハガティ　二〇人ぐらいいます。一月二十八日に、彼らのためにパーティーをします。それは一人の女性の入居者がもう五〇年、その建物に住んでいるんです。

青山　二つ伺いたいのですが、一つは、金銭管理をできない人とか母子家庭、DVから逃げている方、アルコール依存症、精神障害、知的障害など、さまざまな問題を抱えたホームレスの方がいると思います。そういう方に対して、対応できるスタッフをどうやって育てていくのか。もう一つは、親族関係、社会的つな

タイムズスクエア・ホテルの会議室

がりが壊れた方々がいると思います。そういう方々が自立していく上で、また戻ってこないようにサポートしたり教育したり、何かしていることがあるのでしょうか。

ハガティ　最初に、スタッフのトレーニング、教育についてですが、とにかく我々は多くのトレーニングをスタッフに提供しています。例えば精神的な疾患を抱えた入居者の方、困っている方にどう対応したらいいか。人々に対して、どうモチベーションを与えるべきか。どういうふうにして暴力的な行為を低減させるか。どう暴力的な問題を発生させないようにするか。そのためにトレーニング、もしくはさまざまな形での指導を提供し、スタッフの訓練・教育を実施しています。

もう一つの問題、社会的資源と隔絶された人に対して、どうやって自立を取り戻すのか。御指摘のとおり、そういう人は人間関係的な資本等を失っている方が多い。そういう人々をどう

タイムズスクエア・ホテルのジム（上）、ジムの入口（下）

タイムズスクエア・ホテル内の行事のお知らせ

結びつけるか、結びつけ直すかということですが、一つにはアウトリーチ、つまりその人たちに直接手を差しのべることです。その人たちのところまで行って、さまざまなサポートを行なう。そういうプログラムを実施しています。特に長期間にわたってホームレスの状態にある人々の場合は、その人たちにさまざまな形で話しかけ、「我々の施設に来たらどうですか。さまざまなアシスタンスがありますよ」ということを話します。「我々の施設に来ていただいた場合には、暖かいコミュニティとしてのプログラムや、助成を提供しています。例えば人生における目的を探すことをお手伝いしたり、離れ離れになってしまっている家族と再会するような手伝いをしています」と。

もう一つ指摘したいのは、我々の施設はホームレスだけのための施設ではないということです。施設における多様性を維持しようとしています。ホームレス以外にも、例えばアーティスト、ミュージシャンなど――その多くは低所得です――に対してもアパートを提供しています。ホームレスではなくて低所得者もいるというように、既存のコミュニティと同じように施設の中での多様性をつくり出すことにより、人々がコミュニケーション、つながりを取り戻せるような工夫もしています。

青山　医療の面ではいかがでしょうか。日本の地域医療は、医療スタッフと市民との十分なコミュニケーションがとれていない状態にあると思います。医療面ではどのような工夫をされていますか。

ハガティ　この問題は、我々の施設においては、個別の具体的な事例に対処するケースマネジメントのスタッフであったり、路上にいる人に対して手を差しのべるアウトリーチを担当しているスタッフが関係している問題です。我々の中では、個々人のさまざまな問題と医療のサービスとをどう結びつけるかということが、現在の一つの課題となっています。個人的な健康の問題が大きくなればなるほど、そういう人たちにはさまざまな形でのサポートが必要であると考え、ケースマネジメントの人々やアウトリーチの人々が、積極的に医療の問題の点でもサポートをするようにしています。

あとは、幾つかの病院との提携も行なっています。提携病院の幾つかからはスタッフが施設に派遣され、クリニックサービスの提供や基礎的な医療サービスの提供が行なわれています。もしくはホームレスの人々が緊急治療室に運び込まれた場合、病院から我々に連絡があり、我々のスタッフがホームレスの人々をアシストすることにより、彼らが定住できるような家を提供するというサービスも行なっています。

ホテルのスタッフ構成とさまざまな組織

青山　現在、六五〇人の入居者に対して、タイムズスクエア・ホテルのスタッフは何人いますか。

ハガティ　ちょっと話が前後しますが改修を二期にわたってやって、一九九三年二月に一回目、一九九四年五月に二回目をやりました。それ以降は、基本的にはずっと満室状態が続いています。スタッフは、タイムズスクエアの場合、パートナーシップが二二人、〈コモン・グラウンド〉も二〇―二二人ぐらいです。それ以外に

青山　四十数人、意外に少ないですね。このスタッフはこの中でケアをしたりする人たちで、それ以外に法人としての〈コモン・グラウンド〉で二〇人程度ですね。

ハガティ　それ以外に、警備員が一回のシフトで三人です。

青山　これは三シフト制ぐらいで変わっているということでしょうか。〈コモン・グラウンド・マネジメント〉という組織は、現在でも生きているんですか。

ハガティ　〈コモン・グラウンド・マネジメント〉、管理の方ですが、こちらは二八〇名ぐらいいます。この〈コモン・グラウンド・マネジメント〉は、〈コモン・グラウンド・コミュニティ〉の下にあるほかのファシリティも、バックオフィスでマネージしています。

それから、〈コモン・グラウンド・デベロップメント〉、開発をするところがまた別にあります。そこが六人。あと〈ナショナル・コンサルティング（NC）〉という組織があって、ニューヨーク外のものを扱いますが、それが一〇人。

この二八〇人とは別に、〈タイムズスクエア・リミテッド・パートナーシップ〉が二二人いて、これは〈コモン・グラウンド〉と関係ない別組織です。でも、この二二人も二〇〇九年の秋でパートナーシップがなくなったので、〈コモン・グラウンド〉に来ます。ところがパートナーシップで雇用しているものがまだあって、彼らがマネージをして、運営は〈コモン・グラウンド・マネジメント〉です。

青山　わかった、だから全体でスタッフが三〇〇人ぐらいと考えるといいですね。それで〈コモン・グラウンド・コミュニティ〉と〈コモン・グラウンド〉という場合と二通りあるけれども、それはイコールなん

ですか。

ハガティ　イコールです。登録名は〈コモン・グラウンド・コミュニティ〉ですけど、通称は〈コモン・グラウンド〉です。

――〈コモン・グラウンド〉とは、魅力的な言葉が組み合わさった組織名ですね。

ハガティ　ちょうど組織を立ち上げようと思ったときに本を読んだんです。それが『コモン・グラウンド』という本（Anthony Lukas 著）で、一九七〇年代のボストンの人種差別の話でした。「共有の土地」という意味ですので、これは非常にいい名前だと思ったわけです。ただし、「コモン・グラウンド」という名前自体はニューヨークでも会社登録をされている名前だったので、それはできないということで、コミュニティという単語を一つ加えました。

●episode 1――ロザンヌ・ハガティが生まれるまで

ロザンヌ・ハガティの家族や先祖

青山　ここで、ロザンヌがこうした活動に関心をもつようになった背景を少しお聞きしたいと思います。

ハガティ　両親が、困っている人の相談に積極的に応じて、家に夕食に招いたり、介護が必要になったらその手伝いをしたりという家庭でした。それで自分も自然にこの世界に入ったように思います。

青山　差し支えなかったら、御両親の御職業は何だったか教えてもらえますか。

ハガティ　両方とも、学校の先生でした。私の母はまだ健在です。二人ともキリスト教のカソリックの信者で、いつも教会に連れていってくれました。コネティカット州ハートフォードというところですが、コネティカット州の州都です。歴史的に見ると、経済的には非常に裕福な町でした。ただ、ほかのアメリカの都市と同様に、一九六〇年代、七〇年代に衰退期に入りました。さまざまな工場とか産業自体が、海外移転してしまい、住民も郊外に移転しました。郊外のあたりに大きなショッピングモールができることによって、町中の商店が閉鎖してしまう。旧市街に残った人は高級住宅地のお金持ちか、もしくは貧しい人々、この二つしか残りませんでした。負のスパイラルが、そこから始まるわけです。税収が落ち込んで、それによってさまざまな公共サービス、例えば学校であったり警察機能であったり、もしくは清掃業務であったりという、そういう公共サービスがどんどん低下する。それによって人が出ていって、また税収が落ちるという負のスパイラルが発生してしまいました。

そういう中で新たな都市計画として、歴史的な地区の一部を取り壊してしまうという事業が実施されるようになりました。私の父は、元々の出身はマサチューセッツ州ですが、父の故郷も同じような負のスパイラルを経験したところだったので、いま住んでいる都市において何かできないものかと考えたわけです。

彼は都市、町中というのは郊外よりももっと興味深い、面白い場所なんだと考えていました。彼はいつもハートフォードの町のど真ん中の教会に我々を連れていきました。それは、あまり多くの人々がすることではありませんでした。そういう点で私の父は、我々子供や家族が町に結びつきを持ってほしいと考えていたのだと思います。

その教会はある意味で特殊な場所で、私の家族のほかには、先ほど申し上げたような都市計画によって町から追い出されてしまったような人たちが懐かしがってその町の教会に来たりしていました。しかし、そういう家族の人たちには、やはり子供はついてきません。ほかには貧しい人や単身の老人で、その多くは単身用のアパートメント、もしくはホテルのようなところに一人で居住している方々だったと思います。

私は全部で八人きょうだいの一番上です。特殊なと言いましたが、きょうだいが八人もいるということ自体、アメリカでは珍しいことです。特に私のきょうだいはすごく小さかったですから、八人も来ると教会のお年寄りが「元気にしている？」とか小さい子供たちに話しかけて、彼らも喜んだわけです。

そういうところで知り合った一〇人ぐらいの人たちが、例えば休日に我々の家にやってきたり、もしくはそういう人たちに食事を食べさせてあげたりしました。また、何か困ったことがあれば支出をしてあげたり、私の母などは、病気になったらどういう公的な支援があるかを彼らに手配してあげたりもしました。そういう意味では、教会で知り合った老人たちにとって我々の家族というのは、それ自体がサポートシステムのようなものだったと思います。

青山　その頃は、市の中心部に住んでいたんですか。それとも郊外に出た組ですか。

ハガティ　郊外に住んでいました。市の中心から大体一〇分ぐらいですね。郊外というのは、市内とはものすごく別世界です。戸建ての家がずっとあって、庭があって、車があってというところです。ハイウェイを通って町中までいくと、そこには市役所みたいなものもあって、駐車場があって、あとは古いホテルとかオフィスの建物とかがある。本当に郊外と中心地では全く別の世界だと思います。

そういう点で言いますと、知り合った老人の人たちが住んでいたような単身者用のホテルは、まさしく我々が後ほど始めた〈コモン・グラウンド〉のホームレスホテルと同じようなものだったと思います。いまでも憶えていますが、〈コモン・グラウンド〉を始めて最初にタイムズスクエアのホテルを入手して、さあ、どういうふうに始めよう、何からスタートしたらいいんだろう、問題は何だろうと考えたとき、でもこういう状況は、もしかしたら昔から知っているかもしれない、そういえば、こういうところに住む人は、昔から私は知っているじゃないか、ということを思いました。

今この話をしていて思い出したのは、私の父は、実は私が高校生のときに亡くなっているのですが、私は当時、高校生でしたが自動車の運転免許証を持っていました。ですので、父が亡くなってからというもの、我々の友人たる老人たちを家にお招きするときには、車を運転して彼らを迎えに行くことが私の役割になったわけです。休日にそういう人たちを迎えに行くこともありましたが、思い出すのは、ある男性を迎えに行ったときです。その男性は、迎えに行ったら「ちょっと待ってくれ」と言って、部屋の中をいろいろ探すわけですね。彼は私の小さなきょうだいのために「これだ、これだ」とプレゼントを探してくれたのです。こういうアシストを必要としている人でさえも、やはり単に助けてもらうことはよしとしない。常に、何かをいただくなら、自分もお返しをする。そうした相互主義みたいなものが非常に重要なんだということを、私はそのときに身をもって感じたことを今、思い出しました。

青山　お父さんはマサチューセッツのご出身ということでしたけれども、マサチューセッツには代々住んでいたんですか。

ハガティ　アイルランドの移民です。一八七〇年にアメリカに来て、マサチューセッツに住み着いてから父で三代目でした。公立中学校の社会科の先生をやっていました。父の曽祖母だと思いますが、ちょっと遠い先祖はスコットランド出身で、ほかは全部アイルランド系です。父方の一部の人たちは最初カナダに住み着いてから、繊維業で仕事をするためにマサチューセッツに移住しました。

母は語学の先生で、フランス語と英語を同じ中学校で教えていました。父とは別の地域ですが、やはりマサチューセッツ出身です。元をたどると英国系の先祖の一部は一六〇〇年、もう最初の頃の移住者でしたし、フランス系はフランス革命があった頃に来た人たちですね。アイルランド系は、その人たちで三世代目ぐらいです。

大学院ではファイナンスや住宅問題について学ぶ

青山　一九八二年から八三年までタイムズスクエアでボランティア活動をされていたときは、週給一二ドル、食事とあとは狭い寮の部屋が提供されていて、そこで生活をしていたと。

ハガティ　ドミトリーではなく個室でした。私はそこで二つのことを担っていました。十六歳までの家出人の少年に対するカウンセラー的なこと、あとは政策担当ということで、青少年の家出人やホームレスに関係する法制度についての調査を担当していました。

青山　アメリカでは大学を卒業してから大学院に行くまでの間、二年から三年程度このようなボランティア活動をしたり、そのほかの職につく、あるいは兵役につくという過程を経てから大学院に行くコースを取る人が多いという話をよく聞きます。

ハガティ　それは必要条件というか、アメリカの大学院で大体求められる条件だと思います。

青山　ハガティさんの場合、八年もここで勤めてしまった。それから〈ブルックリン・カソリック・チャリティ〉にかかわるんですけれども、そういう生活が長引いたというのは、やはりこの仕事に非常に関心が高かったと理解していいですか。

ハガティ　当初は一年ぐらいボランティア活動に従事した後、ロースクールに行こうと考えていました。弁護士や裁判官などの、法律家になることを考えていたのです。ですが最初のタイムズスクエアでのボランティア活動に従事しているときに、例えばホームレスの問題や住宅提供の問題に非常に関心を抱くようになり、果たして自分が本当に弁護士になりたいのかと疑問を持つようになりました。それで、もうちょっとその活動をやってみようということで、最終的に、自分は弁護士になりたいのではない、どちらかというと今やっているような仕事を極めたいんだということがわかり、コロンビア大学の大学院の不動産開発研究科に進んだのです。これはコロンビア大学の建築分野の一研究科としての不動産開発なので、そこでは単なる金融の問題だけではなくて、ほかにもデザインとか政策についても学べて、非常に有意義な二年間だったと思っています。

青山　コロンビア大学の不動産開発研究科に入った理由は、低所得者の住宅問題に取り組むにはこの分野の知識が必要だと考えたからですね。

ハガティ　そういうことになります。このマスターコースに行った理由は二つありました。一つは、不動産のファイナンスについて学び、もっと専門家になりたかったということです。ブルックリンの住宅供給のプログラムに携わっていたときですが、その団体ではどちらかというと伝統的な資金調達法、つまり基本的には政府からの資金をどう持ってくるかという考え方だったわけですが、私は、いや、それだけではなくて民間企業、民間分野の資金をどう調達するか、そういう方法があるのではないかと考えたのです。そういうことに関心を持ったのが一つです。

もう一つは、不動産という、より大きな文脈で、自分のプログラムがどう位置づけられるのかという関心でした。プログラムをこなしていく中で、これはもうちょっと大きな、不動産マーケットの全体の文脈ではどういう意味を持つのか。もしくはどういうところに位置づけされるのか、それをマスターコースで考えてみたかったということがあります。

青山　日本でも、従来は研究者養成機関としての大学院しかなかったわけですが、近年ようやく社会人をリカレント教育するという考え方の大学院がつくれる制度に変わりました。変わったと思ったら一挙に社会

青山 佾　　　　　撮影・富田浩二

人が大学院の世界に入ってきて、今や日本人大学院生のうちの二割が社会人という時代になったわけです。アメリカの場合は一たん社会人になってから大学院に入るシステムが定着していて、その理由は、やはり少なくともある程度の実務経験を積んでいた方が大学院の議論が理解できる、あるいは互いに有益な議論ができる、そういう考え方であると日本では紹介されています。大体そう理解していいですか。

ハガティ　おっしゃるとおりです。やはり単に本で学んだことだけではなく、それぞれの人生経験というものが、クラスのディベートを充実させますね。教授の中にも、例えば兵役の経験を持っている人とか、さまざまな社会的な経験を持っている先生がたくさんいるわけです。

青山　それからもう一つ。不動産開発研究科は建築系の研究科だが、政策も学べたという話がありました。日本と違って建築系の研究科でも政策あるいは資金調達についても教える、あるいは研究すると考えてよろしいですか。

ハガティ　私が所属していた不動産開発研究科は、大きく言うと建築、都市計画、そして建築物保護の研究科の中に位置するものでした。そこではファイナンスの問題、あと土地利用の問題などが扱われましたが、半分ぐらいの授業は例えば法律の問題や建築の問題などで、実際にどういうものを建物として建てていくかということも扱っていたわけです。

非常にすばらしい授業がたくさんありました。特にファイナンスの部分ですばらしい授業がありましたし、そのほかにも住宅政策の歴史に関する授業等もありました。例えば持続可能な住宅開発とはどういうものなのか、もしくは都市の建築とはどうなのか、アメリカだけではなく各国の住宅事情はどうなっているのかを学べた授業がありました。ほかの授業ではニューヨークの元副市長が教えている授業があって、そこでは政治的な環境、政治的側面というものを学べました。また、例えば大型のインフラ整備、環境資本整備などについて、どういう社会状況でどういう課題があったかを、二五年ぐらいのスパンで説明してくれるような授業もありました。

ボランティア時代に属した団体と大学生活

青山　幾つか具体的なことをうかがいます。一つは、一九八二―八三年に行なっていたボランティア活動はどういう団体に属していたんですか。

ハガティ　〈ブルックリン・カソリック・チャリティ〉、〈プログレス・オブ・ピープルズ・デベロップメント・コーポレーションズ〉です。その目的は、アフォーダブル・ハウジングの建設と運営です。その後、一九八三年十二月から一九八九年十二月まで、六年間フルタイムでこの〈ブルックリン・カソリック・チャリティ〉で働いていました。その後も、一九九〇年一月から数カ月は、コンサルタントとして籍を置いていました。

青山　〈ブルックリン・カソリック・チャリティ〉にフルタイムで勤務して、このときのサラリーはどのぐらいでしたか。

ハガティ　年収は大体四万五〇〇〇ドルぐらいで、辞めるときはもうちょっともらっていたかもしれません。

青山　一九八三年十二月よりも前はボランティア活動を二年ぐらいやっていたんですね。

ハガティ　フルタイムで働いていました。週に一二ドルと、あと健康保険です。

青山　なるほど、社会保障に入れたわけですね。それは、その前の二年間ですね。

ハガティ　六〇人ぐらいがタイムズスクエアの隣のテナントの建物に住んで、ボランティアをやっていま

ロザンヌ・ハガティ（明治大学にて）　　撮影・富田浩二

した。六〇名というのは大学を卒業したばかりの人とか、あとは定年退職をされた人、もしくは仕事を辞めて一時的に休暇というか、人生の休みをとっているような人です。私の場合は、大学を出て数カ月後からでした。大学での専攻は、アメリカ学です。文学とか宗教とかの歴史です。

青山　大学で首席だったと聞いていますけど。

ハガティ　首席ではなかったですけど（笑）。アマースト大学というのは、非常に伝統ある私立の大学で、マサチューセッツの郊外にあります。日本では、カソリックの京都の同志社大学と長年提携をしていています。リベラルアーツの大学です。

授業とボランティアと子育てをフルタイムで

ハガティ　コロンビア大学の不動産開発研究科に進んでからは、院生でもあり、またスタッフでもありということでどちらもフルタイムでした。多くの授業は夕方以降の開講でしたが、中には午後開講の授業もあったので、そういう場合には午前中仕事をして、お昼から授業をとってまた夕方から仕事に戻るということもありました。集中してなされている授業で、非常に有益でした。この頃、息子はまだ二歳でした。

青山　子供を育てながら仕事もフルタイムでやって、大学院もフルタイムでやったと、そういうことですね。

ハガティ　疲れていました（笑）。

青山　しかもブルックリンで仕事をして。コロンビア大学は、一六六丁目のコロンビア大学のキャンパスに通ったんですか。

ハガティ　一時間以上通学時間かけて。

青山　それは相当かかりますね。そのときに大学院のクラスメートは、やはりフルタイムで働いている人が多かったんですか。

ハガティ　いえ、私一人だけでした。パートタイムはいましたが。私の場合、自分の働いていた団体が奨学金を出してくれて、プロジェクトにある程度の見込みがつけば勤務時間も調整してくれるという形で、支援をしてくれたのです。

家族の理解

青山　このタイムズスクエアのプロジェクトを立ち上げる場合、非常に多額の資金を動かすわけで、リスクを感じたと思いますが、そのときの気持ちは、いかがでしたか。

ハガティ　非常に責任があったので、これを成功させなければいけないというとても大きなプレッシャーがありました。何が起こっても、結局やらなければいけないと思ったわけです。

青山　家族にはどう話しましたか。

ハガティ　母にはすべて話をしていたんですけれども、母は「どうなんだろう」という反応でした。周りの人が「娘さんは何をやっているの」と言ったら、「ホテルで働いている」と答えていましたので、周りの人は、私をマリオットホテルの予約担当か何かだと思っていたと思います。今は非常に支援をしてくれていますが、当初は何をやろうとしているのかが家族にも全くわかっていませんでした。

青山　精神的に苦しかったことはないですか。

ハガティ　一つには非常にプレッシャーがありました。助けてくれると思っていた人がさまざまな理由で助けてくれないということがあったりして、それは非常に精神的につらかったことの一つでした。ただし、例えば実際に接している入居者の人たちの人生がかかっているということがあると、ここで引けないというか、この人たちのためにやらなければいけないという気持ちがありました。

2　第二のプロジェクトの立ち上げ

プリンス・ジョージのプロジェクト

青山　次に、〈コモン・グラウンド・コミュニティ〉の二つ目のプロジェクト、同じくマンハッタンのプリンス・ジョージを始めたときの話に移りたいと思います。プリンス・ジョージにとりかかったのはいつ頃になりますすか。

ハガティ　一九九四年十二月です。

青山　その頃は、もうタイムズスクエアはほとんど軌道に乗っていたと考えていいわけですか。

ハガティ　最初のプロジェクトのタイムズスクエアは一九九四年の夏までに改修が終わって、新しい入居者も既に入居をし終えていました。まだ手をつけているところは若干ありましたが、基本的にはそれまでに大体のことは済んで、運営は軌道に乗り始めていました。

青山　プリンス・ジョージの話はロザンヌの側から発案したんですか、それともニューヨーク市から持ち込まれたんですか。

プリンス・ジョージのビル

ハガティ　このプロジェクトは、私が最初に始めました。最初にこのプリンス・ジョージのプロジェクトのアイデアを考え出したのは、一九九四年の春ぐらいでした。それまでには、タイムズスクエアの方はある程度順調にいっていたわけです。ただし、人によってはタイムズスクエアの成功は例外であり、ただラッキーだったんだと言う人もいました。そういう点で、そうではなく、これは汎用可能であり、同じことが一回だけでなく二回でも三回でもできるんだということを示さなければいけないと考えたのです。

青山　しかも、当時まだニューヨークのホームレスの状況は、非常に深刻でしたね。

ハガティ　まだ、とても深刻な状態でした。ただし、もちろん状況は深刻ではあったものの、政策という観点から見ると、ある一定の解決の見込みというか、解決策を見出してきた時期でもあります。それはやはり私たちのタイムズスクエア、あるいは別の小さなプロジェクトによって、その地域のホームレスが減少していることが関係者にも明らかになってきたためです。

青山 このプロジェクトを始めるまで、プリンス・ジョージの建物の持ち主はどこだったんですか。

ハガティ ホテルの投資集団（ファンド）が所有していましたが、そのファンド自体が解散しようということになっていて、基本的にはその後は銀行がその所有権を引き継ぐ状況でした。そしてまた、ファンドは市当局に対して固定資産税を数年にわたって滞納している状況でもありました。

建物入手に至るまでのドラマ

青山 〈コモン・グラウンド〉が、建物を購入したのですか。

ハガティ 我々が入手したのですが、その過程にはドラマがありました。所有者自身は、この物件を売却することには関心はありませんでした。先ほどファンド自体が解散しようとしていたと言いましたが、売却するにしても別の形で何かいい手立てはないかということを彼らは考えていて、我々に売ろうとは考えていなかったのです。その理由として、我々は入手時には助成金などの公的な資金を使用することになります。その場合、不動産の正当な価値を算出して、それを上限としてしか拠出ができないわけです。けれども所有者側は我々が見積もった額よりもかなり高い額の金額でなければ、売却する意思を持っていませんでした。

銀行側がファンドの債務保証をしていたので、そこで我々は抵当権、つまり銀行側への担保を購入して、それによって不動産を取得してしまうという形で、この物件を押さえることにしました。ファンドが倒産すると、その担保は銀行が取得するわけですから、それを我々が押さえることによって不動産を入手することにしたのです。担保を入手して不動産を手に入れるということになると、裁判所を通じて法的な手続きを行なわなければいけません。最終的に建物の権利を我々の所有という形に移行するまでに、八カ月費やしました。

この時期はあまり心地よい気分のするものではありませんでした。弁護士等々にさまざまな法的な手続きのためにお金を入れなければなりませんし、所有者であるファンドは一部の資産を別の会社に移してしまっていました。そこはあまり素姓のよろしくない会社で、私は「おまえは血の海を見るぞ」というような脅しを受けたりもしました。そうした非常に大変な状況の中でやりくりをしなければならなかったのです。先方はとにかく先延ばしをずっと図って、なかなか解決にたどりつかないわけです。最終的には一九九六年二月に終結するのですが。

裁判官の女性は、非常に相手方に対して不快な意思を示していました。なかなか解決策を見出さないでとにかく彼女の時間を浪費している、と。でも、一方で彼女は、なぜ〈コモン・グラウンド〉がそこまでして不動産を入手しようとしているかも理解していませんでした。賠償金という形での解決策もあるのではないかというようなことを言っていたわけです。私自身が証言台に立って証言をするときも、弁護士とのやりとりに裁判官自身が口を挟んで「何で賠償金という形で解決しないんですか」ということを、幾度も彼女は発言しました。ただ、最終的には〈コモン・グラウンド〉のプロジェクト自体について、なぜこの建物が重要かを裁判所の証言台で説明する機会を得ました。この建物のユニークさ、この建物がコミュニティの中に存在することが、いかにホームレスや低所得者にとって重要であるか。また、我々はお金を目的にしているのではない、この建物を入手すること自体が目的なんだということを説明することができたわけです。

日本では同じかどうかわかりませんが、アメリカの場合には証人が証言をするときには、自分の名前と住所を言わなければなりません。私は自分の住所を言わなければいけないときに、ちょっと小さな声で言おうとしたのです。それまでずっと私は脅しを受けていたわけですから。私は自分の住所を知られたくなかったので小さな声でささやいたら、書記官が「大きな声で言ってくれ」と。またちょっとだけ大きな声で言ったら「いや、聞こえない」というので、弁護士が私の住所を大きな声で三回繰り返しました。そのときに相手方の、私をずっと脅していた人たちが法廷の後ろの方で何かささやいて、一人が外に出ていくのが見えました。そこで私は証言台に立ちながら「住所を知られてしまった」と思ったわけです。その後、休憩時間があったときに、私は公衆電話に駆けつけました。まだ、携帯電話がない時代だったので。それで知り合いの、子供の友達のお母さんに電話をかけて、私の息子を学校からピックアップしてほしいとお願いをしました。学校にも「私の友達が行くから、それ以外の人間には絶対に預けてくれるな」と言いました。子供は九歳でした。

その証言に立った日は、私も非常にストレスのかかる状態に置かれました。その後、私は自分の弁護士と話をして、私がこういう脅しを受けていることをどうにかして裁判官に伝えられないか相談して、ではこういう状況があるということだけは検察に報告しておこうという話になりました。

その次の日の朝、私は自分の弁護士から、先方が会いたがっているという連絡を受けました。電話を受けたとき、多分また脅しをかけてくるのだろうと思ったのですが、とにかくお昼ぐらいに会う約束をしました。私の弁護士の事務所で会うことにしたのですが、先方側は投資家とその二人の兄弟で、その兄弟のうち一人は私を脅し続けていた人で、あとは弁護士が二人やってきたわけです。その脅していた兄弟は、非常に気が立っているというのがわかりました。我々は、会いたいと言ってきたからこういう場を設定したのだが、結局何をしたいのかと尋ねたところ、弁護士のうちの一人が「驚くことがあります」と。脅しをかけてこなかった方の兄弟、ただ態度は全然よくなかったのですが、その人が口を開いたのです。彼は、元々そんなに話す方ではなかったのですが、彼いわく、「この裁判で昨日あなたが証言するまで、あなた方の団体が何をしているか私は知らなかった」と。「裁判が終わった後、我々はタイムズスクエアに行った。ホテルを見て、兄に電話した」と。そして、自分たちの母親もそれを認めたというのです。彼らの妹の一人が精神疾患にかかっていて、大変な時代を過ごしたということでした。それで売却に同意をしてくれて、入手できました。

青山　裁判の結果はどうだったんですか。

ハガティ　我々の間での合意により、我々が滞納分の税金の肩代わりをする、もしくは適切な対価を支払うということになりました。前日までの緊張状態からは、こういうふうに先方が自分たちで現地を見に行って同意してくれるような展開があるとは思ってもみませんでした。

結局、取得するのにかかったのは八五〇万ドルでした。我々はこの闘争というか法的な手続きに九カ月間を費やしたわけですが、その間に別のことも起こっておりました。ニューヨーク州知事が、クオモ知事からパタキ知事に政権交代になったのです。その間に我々が使おうと思っていた州の助成金の一部が取り消されて、なくなってしまうという状況が発生しました。そのため、もう一回資金の申請のし直しをしなければならなかったわけです。そのために結局、一九九八年一月までかかりました。

プリンス・ジョージを入手したとき、そこには入居者は一人もいませんでした。既に空の状態だったのです。ほとんどの工事は一九九八年十月までに終えることができ、その後入居が始まって、最後の入居者が入居し終えたのが二〇〇〇年二月です。四一六戸のアパートメントで、半分がホームレス、半分が低所得者層です。

大改修したボールルーム

ハガティ　当初、イベント用のボールルームの改修、修繕費用が大体五百万ドルかかるということだった

プリンス・ジョージのロビー（上）、ボールルーム（下）

のですが、ここに関してはお金が得られませんでした。なぜならここは居住用スペースではないので、公的な資金が使えなかったのです。最初はかわりにどこか民間会社が貸し出しをすることによってここの改修を行なえないかと考えたのですが、適切な会社が見つけられなかったために、イベント会場に関しては改修がちょっと遅れてしまう状況が発生しました。

青山　ボールルームの改修は入居者がかなり協力して、働いたんですか。

ハガティ　入居者と建築学科の学生、高校生、あるいは例えば学校をやめてしまったような青年に対するトレーニングプログラムとか、エイズ患者を支援する団体などのＮＰＯが協力して、改修してくれました。

青山　たしか二〇〇五年頃に見せもらったときにまだ完成前だったような記憶があるんですけれども、ボールルームが完成したのはいつでしたか。

ハガティ　二〇〇五年の秋頃です。

青山　ボールルームは、今は幾らぐらいで貸しているんですか。

ハガティ　二〇〇九年が八〇万ドルですね。二〇一〇年は百万ドルぐらい稼げると思います。この八〇万ドルという金額ですが、例えばほかのＮＰＯや市民団体への貸し出しも中にはあって、そういう場合には比較的低額で貸し出しをしています。そういう社会的な目的があれば低額で貸すこともしているわけですが、逆に言うともっとお金を稼ごうと考えれば、普通の民間企業等に貸し出して、より大きな額を稼ぎ出すことも可能です。

青山　一般の会社がレセプションをするためにこのボールルームを一晩借りた場合、幾らぐらいですか。

ハガティ　一万ドルです。曜日によって異なっていて、月曜日だったらもっと安くなりますけど、水曜日とか木曜日、もしくは土曜日の夜とかだったら高くなります。非営利団体の貸し出しの場合は大体二五〇〇

―五千ドルでの貸し出しとなっています。

青山　プリンス・ジョージは歴史的建造物なんですよね。

ハガティ　はい。歴史的建造物としての登録も、我々は済ませています。歴史的な価値のある建物です。

プリンス・ジョージの地理的位置

青山　プリンス・ジョージは二八丁目だったと思いますけれども、あのあたりの一帯はオフィス街と理解していいですか。

ハガティ　五番街とマディソン・アベニューの間ですね。基本的にはオフィスビルでした。企業の本社なども所在している地域ですが、近年ではコンバートが行なわれることによって、高級な住宅も存在しています。マディソンスクエア公園のあたりは改修されたりして、その地区にも多くの改修されているビルなどもあります。

青山　それからブランドショップなんかもありますね。

ハガティ　興味深いことに、元々その地域にショッピング街はあったのですが、近年になってそこの価値というか、高級さが上がってきていることを指摘できます。ニューマークという大きな不動産会社があるのですが、そこの社長が冗談で私に言ったのは「君、次はどこの不動産を買うんだ」と。我々は大体大きな問題を抱えた建物を入手してそれを修繕するわけですが、そうすると大体その周りの地価が上がります。

資金調達の内訳

青山　八五〇万ドルの資金の手当ての、内訳を教えてください。

ハガティ　一九九六年五月でしたが、大きく言ってニューヨーク市の住宅局と、あとは金融機関からです。この抵当権を買い取るにあたって、ブリッジローン（一種のつなぎ融資）を使いました。一つの会社はバンカーズトラストという会社ですが、これは今ドイツ銀行になってしまっています。バンカーズトラストがドイツ銀行になって、ＪＰモルガンがＪＰモルガン・チェース銀行になりました。

リノベーション（修繕）の方ですが、これは州が拠出していますが、実際には、ＪＰモルガンとファニーメイ（連邦住宅抵当公庫）という二つの金融機関から来ます。州からの修繕のためのお金がＪＰモルガンとファニーメイから直接入ってきて、一定期間はこの二つの金融機関が所有権を持ちます。その期間が終わると、それは〈コモン・グラウンド〉の方に移ります。その期間は税的な優遇を受けるので、彼らには投資をすることのメリットがあります。そういうかたちで、基本的には州が設置している税制優遇策によって金融機関が修繕のお金を出してくれます。ほかには例えば州の精神疾患のためのプログラムとか、市のホームレス対策のためのお金とか、そういうものを全部合わせて、取得費用とすべての全部、トータルでの開発コストが三九〇〇万ドル強でした。あともうちょっと別のお金も入っているので、実際には四千万ドルを超えます。

青山　ＪＰモルガンとファニーメイに対しては、返済する必要がある資金だったんですか。

ハガティ　タイムズスクエアと同じです。つまり、一％ずつ利息を払っていって、一定の年数後に――今度は二〇年ではなく一五年ですが――我々の所有になります。

アメリカの企業に対する税制上の優遇措置

ハガティ　それらの企業は法人税の減免を受けるわけです。

青山　アメリカもやはり補助金行政ですが、補助金の出し方が日本と違います。日本は補助金として、「はい、八〇億円」なんていって出すでしょう。アメリカの場合は銀行から借りさせて、その銀行に対する法人税を減免するという形で連邦政府が補助金を出している。結果としては同じですが。

ハガティ　少なくとも大体一〇年間、税の減免の措置があります。一五年間はアフォーダブル・ハウジングとして利用しなければいけません。タイムズスクエアで何が起こったかというと、タイムズスクエアは一五年間アフォーダブル・ハウスとして使ったので、そこに投資した金融機関は自分たちの所有権を移転することは可能です。ただし、タイムズスクエアという建物も、このプリンス・ジョージもそうですが、ほかの公的な資金も入っていますので、不動産としてはものすごく価値があっても、それをほかの用途に転用することは基本的にはできないのです。そうすると、金融機関としては自分たちが持っている所有権を〈コモン・グラウンド〉に寄付してしまいます。なぜならば投資をした額以上の税制上の優遇を得ているので、寄付をしてしまったところで、プラスマイナスで見てみると、一〇年間でそこの部分はペイをしているとなるわけです。

青山　これはCSR法とかCRAに基づくものですか、それともまた別の措置ですか。

ハガティ　CRAとは直接的に関係しませんが、ただ、CRAのクレジットみたいなものも得られるかもしれません。

一定の基準を満たすアフォーダブル・ハウジングに関して、その権利を金融機関なり企業家が買い、買ったことによって、法人税の減免措置を得られるという構造です。多くの場合この権利は銀行が買っていて、それによって、一〇年間とかの一定期間の減免措置が得られます。それによる利益の方が、投資をした価値よりも高くなるのです。アメリカの場合はこういうふうに減免措置、税制上の優遇策を与えることによる方が、何かに直接的に税金からお金を回すよりもいいと言われます。そこは議論があるところではありますが、アメリカではこういう枠組みの方がやりやすいです。

青山　プリンス・ジョージで、ロザンヌの紹介で日本のみずほ銀行のアメリカ代表とか、それからアメリカ連邦金融庁の人の話を聞いたことがあるんです。彼らはこういう権利の取得のときに貢献したのではなくて、その後の運営費に対して寄付をしているんですか。

ハガティ　アメリカで事業を行なっている日本の金融機関の場合はほかの施設を取得するときに優遇したローンを組んでくれたり、助成金をくれたり、もしくはガラ・パーティー（後述）を開いて、一つの席をかなり高額な値段で売ってそれを寄付するというパーティーがあるんですけれども、そのパーティーをオーガナイズしてくれたということがありました。

プリンス・ジョージ入居者に対するサービスの特徴

青山　プリンス・ジョージでの入居者に対するサービスとしては、タイムズスクエアと違ったようなことはありましたか。

ハガティ　プリンス・ジョージで行なった特殊なことというのは、実は小さなことでした。我々はタイムズスクエアやほかの施設でも、〈センター・フォー・アーバン・コミュニティ・サービス（CUCS）〉とパートナーを組んで、そこがさまざまなプログラムを提供、運営をしてくれています。そことの協力関係で行なっているさまざまなサービス提供において、基本的な、小さなことですが、非常に大きな違いを生み出すことをしました。

どういうことかと申しますと、タイムズスクエアにおいて我々はさまざまなグループを組織化していました。例えば老人のためのグループ、薬物依存の人たちのためのグループ、もしくは就労のためのグループなど、さまざまな問題を抱えている人たちをグループ化するということを行なっていたわけです。けれども、そこで我々が気づいたことは、このようなグループ化は低所得者層の人たちからの関心をあまり惹かないということでした。

プリンス・ジョージでしたことは、グループではなくてクラスを多く提供することでした。それは、目的は同じで、最終的にはその人たちが抱えている問題を解決していこうということです。ただし、クラスというかたちで、さまざまな、より多岐にわたるものを人々に提供する。例えばヨガのクラスであったり、料理のクラスであったり、ファイナンスマネジメント——お金の使い方のクラス、もしくはコンピューターの使用法、プログラムの書き方のようなものですね。こうしたクラスも、先ほどの繰り返しになりますが、最終的には人々の問題を解決するという点では同じ目的なわけです。ただし、こういうクラスを提供することによって、人々の交流がより生まれやすいとわかりました。同じような問題を抱えた人だけが集まるよりも、こうしたさまざまなトピックのクラスを提供することによって、多くの異なる人たちがそこに参加し、それで交流が生まれるという利点が見出せました。そういうことで、このプリンス・ジョージでは問題ごとのグループではなく、さまざまなトピックごとのクラス、いろいろな興味、関心に応じたクラスを提供し、そこで問題解決を図っていこうとしています。そういう意味では、小さいけれども非常に大きな違いを生み出すことをしました。

青山　それは非常に興味深いですね。場面は違いますが、私たちの大学院の場合、そこに来ている人たちは政治家、公務員、会社員、学生と非常に多様なわけです。彼らに言わせると、やはり違う職業についていて違う関心を持っている人たちと議論をすることに魅力があると、そう言っているわけですね。つまり、会社の中で議論する機会はたくさんある。ところが違う分野の人が一堂に会して、政策について議論する機会はなかなか得られない。全く違う世界の人と議論することによって、新しい発想が得られる。そこで、知的な喜びを感じることができるんですね。

スタッフの人数および近隣や市・州の反応

青山 プリンス・ジョージのスタッフは、大体何人ぐらいですか。

ハガティ 一五人のスタッフと、それに防犯のスタッフが〈コモン・グラウンド〉の方からですね。先ほど申し上げましたパートナーを組んでいるCUCSの方からも、大体一五人ぐらいです。タイムズスクエアと比べて、プリンス・ジョージの方が四六〇ということで戸数は少ないですけれども、延べ数で言うと大きさは同じぐらいの床面積を持っているので、清掃スタッフは同じぐらいの人数が必要です。タイムズスクエアは一つのところにまとまっていますが、プリンス・ジョージは多少拡散しているというかレイアウトがよくないので、その分効率性という点では劣ります。

青山 タイムズスクエアの場合は初めからホームレスが住んでいたということがありますが、プリンス・ジョージの場合はだれも住んでいなかったということで、そこにホームレスあるいは低所得者の人のためのアパートをつくることに対して、地元の反対はなかったですか。

ハガティ プリンス・ジョージには八年間、人が住んでいませんでした。プリンス・ジョージのプロジェクトは、実は当初近隣からの反応はあまりよくないもの、むしろ悪いものでした。実際のところ、近隣で不動産を所有している大きな会社のオーナーなどは反対していて、プロジェクトを止めるためのグループを組織化したぐらいでした。我々としては説明会を実施して、近隣の人から理解を得るようにしました。タイム

プリンス・ジョージの廊下（上）、食堂（下）

ズスクエアのホテルの近隣の土地所有者の人たちに説明会に出てきてもらって、地域にとってもいいことなんだということを、プリンス・ジョージの近隣の不動産を所有する人たちや企業の人たちに説明してもらうことも実施しました。

ただ、やはり非常に大きな影響力があったのは、その当時のジュリアーニ市長の態度だったと思います。彼のイメージとして、非常にタフな男というイメージがありました。彼が、基本的には〈コモン・グラウンド〉のやっていることはいいことであって、市当局としては我々と協力をしてやっていくということを明確に言ってくれましたので、それが非常に影響を持ちました。直接的に市長からということではありませんでしたが、市当局からはさまざまな形で助成金を得ていましたので、彼の政権のスタッフとは関係を持っていました。彼自身がどこまで承知していたかという話は別として、例えば近隣の不動産オーナーたちがプロジェクトをやめるように市当局に接触をしてきたり、あるいは文句を言ってきたりしたときも、市長のアドバイザーたちはそういうことを知っていて、これは理にかなっていない要求だから〈コモン・グラウンド〉を支持すべきだと、市長に言ってくれました。

青山　なるほどね。市役所の担当者たちがそういう立場だったんですね。

ハガティ　女性の副市長が非常に我々と緊密な関係を築いてプログラムを実施していました。この副市長がジュリアーニに対して、これは大事なんだ、と。そういう中で、非常に反対していた不動産会社があったときに、そこに市長自身が電話をかけて、我々市としては〈コモン・グラウンド〉とやっていくから、反対をすぐやめなさいというようなこともしてくれました。

青山　日本でも、ホームレスは本当に厳しい状況の中にあります。どうしても地域が差別的な状況に至ってしまう。今まで事業展開をされた中で、ニューヨークではそういうホームレスの人たちに対し、どのように地域が暖かく受け入れてきたのか、お聞きしたいと思います。認識が異なっている人たちに、どうやってアピールしていったのか。

ハガティ　アメリカでの差別の問題への対処も、やはり教育だと言えると思います。コミュニティの人に対してさまざまな形で繰り返し教育をしていく。こういうホームレスの施設があったとしても、それは適切に管理され、安全であり、コミュニティに対して悪い影響は与えないということを繰り返し教育していく。それが必要であると思います。ただし、既存の建物、空室、空き家になった建物にホームレスに入ってもらう場合には、そういう問題は余り起こりませんでした。もし問題が発生した場合には、地域の人たちに、これは地域のためにもいいということ、悪い影響は与えないということを何度も繰り返し説得していくことが重要だと考えています。

市の政権交代の影響と市役所の体質

青山　一九九〇年頃〈コモン・グラウンド〉を立ち上げられてから、市の政権が三回変わったということですが、それが、どういうふうに影響を与えましたか。

ハガティ　ディンキンズ、ジュリアーニ、そしてブルームバーグと変わるわけですけれども、政権が変わることによって、市の運営におけるそれぞれのトーン、表現の仕方、何を政策とするか、もしくはその優先順位のつけ方が変わります。ただ、政治という点についてお話をするならば、我々は今ニューヨーク市以外のところでもその事業を広げていますので、ほかのところに行ってニューヨークに帰ってくるたびに、政治もしくは行政の違いを感じます。ほかの自治体との比較という点では、ニューヨークにもさまざまな官僚主義的な、レッドテープ（繁文縟礼）というものはありますが、それでもまだ効率的な自治体であると言えると思います。しかも市長の権限は、ディンキンズよりもジュリアーニ、ジュリアーニよりブルームバーグの方が強まっている印象があります。特にニューヨークで特筆すべき点は、各部局のリーダーシップの強さです。

青山　そうですね、市役所がしっかりしている。ニューヨーク市役所とニューオーリンズ市役所と比べると、ニューオーリンズはかわいそうですよね。

ハガティ　ニューオーリンズにプレゼントとしてニューヨーク市役所を送ればいいと思います（笑）。ただ行政というのは、基本的には、驚くほど非効率です。驚くほど悪い人たち――干渉してくる、もしくは汚職を行なう。基本的にはものすごくレベルが低いので、そういう中で一人卓越した人を見つけると、その人が非常に重要なキーパーソンにならざるをえません。

青山　それは、ニューヨーク市役所の話ですか。

ハガティ　どこでもですね（笑）。多くの場合、そういうところに働いている人たちはエゴの塊みたいな人たちですので、地域のためにとか社会のために何かやろうとしている人に出会うと、「そういう人がいたのか！」というような驚きを示します。

ハートフォードという人がいます。彼は市で一番大きな病院の有名な外科医でした。引退したとき、ゴルフに興じるかわりに議員になって、六年間地方議会議員として活躍しました。彼は卓越した人で、社会変革のために自分自身の時間を費やして、問題解決のために非常に貢献しました。そういう優秀な人が出てくれば、ものごとが大変うまく回ります。

青山　パーキンソンが『パーキンソンの法則――進歩の追求』という本の中で「行政と交渉するときには、イエスマンを見つけろ」と書いていています。ノーマンと交渉をしても意味がない、いかにしてイエスマンを見つけるかということだと。

ハガティ　そのとおりですね。

ガラ・パーティーとは

青山　先ほど出ました、ガラ・パーティーについて具体的に教えてください。

ハガティ　最初のガラ・パーティーをしたのは、二〇〇三年か二〇〇四年だったと思います。どちらかというとばかげたことというか、あまり知的なことではありませんが、アメリカでは組織が運営費を稼ぎ出すためによく行なう方法で、非常に華やかな夕食会を開催するのです。そこでは、その組織もしくは社会で何らかの功績を成し遂げた関係者等、有名人を表彰するようなスタイルをとります。その人を表彰するためということで大きなパーティーを開催して、そのテーブルなり個別の席を売るわけです。その参加費という形でかなりのお金を払っていただいて、それを運営費に回す。表彰される人も自分の親類とか家族、友人を招くために、その席を自分で買ったり友達とか家族に買ってもらう形で、お金を出してくれます。実際のところ、こちら側も準備として食事とか会場にかなり多額のお金を使いますので、それなりに大規模に開催をして人を集めなければいけません。

青山　年に何回ぐらいやっているんですか。

ハガティ　一年に一回です。一回に百万ドル（一億円）ぐらい稼ぎ出します。ただ、すごくばかげたことで、常に「テーブルの席を買ってよ、買ってよ」と電話しなければいけないんです。普通アメリカの多くの企業は、営業費としてこういうガラ・パーティーの席を買うための予算を組んでいます。彼らにしてみると、そこでその地域における有名人とか有力者と会うことができます。我々の場合では、例えば建築家であったり、銀行であったり、弁護士であったり、我々の仕事と関係するような方たちと出会うことができ、彼らにとってもいいビジネスの機会になるわけです。

青山　ビジネスチャンスなんですね。人間関係でビジネスが成り立つ国だから。日本とは文化が違うんですね。

ハガティ　表彰される人は、実はあまり表彰されたがりません。一回それを受けてしまうと、自分の表彰なので、友達とか知り合いに「私が表彰されるから買ってよ」と案内するという、ものすごい作業が待ち構えているわけです。我々のガラ・パーティーが評判がいいのは、九時きっかりに終わるようにしているということです。夜中までずっとつき合わなくていいというのが、我々の場合は評判がいいです。スピーチも短くということにしています。

青山　それは、ボールルームでやるんですか。もっと大きいところですか。

ハガティ　プリンス・ジョージのボールルームが大体三百人収容ですけれども、基本的には六百人ぐらい来ますので使えません。グランド・セントラル駅の近くに、元々銀行だったんですけれどもイベント用の会場になっているところがありまして、そこを使うのが我々の一番好きな場所です。

青山　この年次報告書に載っている寄付者の寄付金額は、ガラ・パーティーの部分はカウントされていますか。

ハガティ　はい。テーブルを買った人も個別の席もあります。大体テーブル一つで一〇人が座れます。値段はいくつか設定しますけれども、一番高いのが一テーブル二万五〇〇〇ドル、二五〇万円ですね。あとは一万五〇〇〇、一万という三種類の値段を設定しています。あとは特別なテーブルということで五万ドル（五百万円）というのがあり、これはいわばガラのスポンサーみたいな形で、ちょっと別のステータスをあげて、ほかの一番高いテーブルの倍額で一テーブルを買ってもらいます。

ガラ・パーティーの意義

青山　そうするとこの寄付金額の中では、ガラ・パーティーはかなりのウェイトを占めているんですか。

ハガティ　非常に大きな額であるという意味では、イエスと言えます。ただし、寄付金額で考えると、ほかのところでもうちょっと大きな額をぽんと寄付してくれることもあります。ですので、そういう点ではガラ自体がそんなに大きな比率を占めるわけではありません。重要ではあるけれども、それだけではないということです。

ガラは、もちろんお金を集めるという点では重要ですけれども、あとはやはり人々に認知をしてもらう点でも大事です。

二〇一〇年は例えばＪＰモルガンの会長に賞を贈りました。そうすることによって、我々はＪＰモルガンの社長が納得をして受賞してくれるような団体なんですよ、という意味で、自分たちの立場を高めていきます。いろいろな有名企業の人たちがテーブルを買ってくれるような、安心できる団体なんだということで価値を高めていくことができるのです。あとは、やはりそのテーブルを全部が全部売るわけではなくて、中には無料で、例えば関係している政府の人にそこに同席してもらう、自分たちのスタッフの中からも同席してもらう、関係者、ＮＰＯの人にも同席してもらう。そういうことによって、感謝の気持ちを示す場としても非常に使えます。その点では、私はガラ・パーティーはいいと思っています。

――〈コモン・グラウンド・コミュニティ〉の社会的認知というか権威づけのために、ある程度高額に設定するということはあるんでしょうか。

ハガティ　そうですね。多くの人を集めたいだけであれば、安くすればいいわけです。我々のように、お金も集めたいけれども、我々の団体というのは価値ある団体なんだと人々に認知してもらいたいという場合には、お金を高くして、我々は真剣にやっているし、それだけ重要な団体なんだということをアピールするということです。

日本の会社のチャリティに対する制限

青山　日本でも似たものがあることはあるんですよ。チャリティ晩餐会とかいって社会福祉法人なんかが主催して、ホテルオークラとかホテルニューオータニとかで五百人とか六百人規模のパーティーをやって、一席大体一〇万円ぐらいします。夕食が出て、あと演歌歌手などが歌うと。あとはやはり大臣のだれかが出てきてあいさつするとか、そういうことをやります。

ただ、日本では会社がそういうのにお金を払うのは経理上できないから、皆さん個人で来ます。義理がある人から無理やり頼まれて、参加するんです。会社で払おうとしても、経費にならないどころか、不正支出になりかねないですよ。つまり、会社の目的と違うという考え方ですから。だからそれはＣＳＲ（企業の社会的責任）についての法律とかＣＲＡ（地域社会再投資法）とか、つくらないと無理ですよ。今の会社では逆に株主代表訴訟を起こして、そこに一〇万円あるいは百万円を出すのだったら、株主に配当しろと。それは不当支出だから返せという訴訟を起こされたら、負けますよ。日本はそういう法律的な根拠がないんだから。会社が慈善活動をするための法律的な根拠がない。だから仮に支出する場合でも、それは会社のイメージ向上、宣伝のために非常に効果があるという理屈づけをするわけですね。サントリーが美術館をつくるじゃないですか。そういう場合は、サントリーのウイスキーのイメージ向上に非常になって、その美術館の存在が会社の利益になって株主利益だという説明をしているんですよ。実際そうだと思いますけれどね。だからそれはやはりCSRを会社の経費として認めるという、そういう商法改正をしないと無理です。現状では株主が、うんと言わなければだめです。だから会社から寄付をもらうのは大変なんですよ、出す方にとっても、もらう方にとっても。

例えば私たちが三宅島災害支援のときに、大抵は会社から金を集めているわけです。でも、もう決まり文句ですよ。「青山さんが言ってきているから一千万円出すけど、絶対に言わないでね、どこにも」と。つまり、公表するなというわけです。なぜかというと、三宅島に一千万円出すんだったら、会社はAさんにも出してよ、B団体のこのイベントにも出してよと言われるに決まっているでしょう。だから絶対に言わないでね、と。「報告書にも入れないでね」と言われるわけですよ。それはやはり、法律をつくってあげないと無理ですよ。会社にそれをやれと言っても。

アメリカにおける寄付や社会責任の在り方

青山　ガラで一回に百万ドルぐらいの収入があるとのことですが、普通は、寄付金全体では年間で幾らぐらいですか。

ハガティ　年によって違いますけれども、ここ数年ですと三五〇万—五百万ドルぐらいです。

青山　日本の企業は、アメリカの企業並みにきちんと寄付をしますか。

ハガティ　残念ながらトヨタとは関係を持っていませんが、例えばみずほ銀行を例にするならば、みずほはほかのアメリカの銀行と同等の寄付をしてくれています。

青山　アメリカに寄付の習慣があるのは知っていますけれども、アメリカの企業とか個人が例えば〈コモン・グラウンド〉の事業に対して寄付をするようになるために、何が最も効果的に寄付のインセンティブを与えているんですか。つまりCSRの法律があるためなのか、あるいはCRAがあるためなのか、それとも税制ゆえなのか、世論なのか、それともキリスト教の宗教観なのか、理由はいろいろたくさんあると思いますけれども、何が最も大きいですか。

ハガティ　いま挙げられたもの、すべてが影響していると言えると思います。ただ、それらの中で異なる制度は異なる対象に影響を与えています。例えば金融機関であれば、ある程度、地域に貢献しなければ新規の開店は認めないCRAというような制度の影響力が大きい。

青山　コミュニティ・リインベストメント・アクト（地域社会再投資法）という法律があって、コミュニティに対して再投資をすることを義務づけているんですよ。といっても、どういう規模なら幾らとは決めていないんですけれども。支店を増やす許認可の場合に、金融庁がその公聴会やなんかに、その銀行がどういうコミュニティ再投資を行なってそのコミュニティに貢献しているかという資料を出すわけですね。それが結果的に影響を与えるから、事業を拡大していくとか、あるいは移転していく場合に、ものを言うのがCRAです。アメリカはCSR自体も法律があるんですけどね。

アメリカの税減免とコミュニティの伝統

ハガティ　あと、個人にとっては大きな税の減免が得られます。とりわけお金持ちにとっては非常に大きな意味を持ちます。これは特に州の税金が大きいと思いますが、お金持ちの場合は個人として税金を取られてしまうより財団みたいなものを創設して、そこにお金を入れてしまえば、税金に取られてしまうかもしれなかったお金でどういう社会還元をしていくかを自分たちで決められます。お金持ちにしてみると、税金として取られるぐらいだったら自分たちの財団で運用をしたいということで、それがめぐりめぐって〈コモン・グラウンド〉のようなところにお金が下りてくることがあるかもしれません。

ただし制度面以外にもアメリカの市民社会には、教会やクラブ、もしくはさまざまな地域の組織が人々によって支えられている伝統があります。ですから、もしかしたら例えば税制上の優遇策がなくても、学校や、地域のスポーツというようなものは多分人々が支えるでしょう。それはアメリカのコミュニティの伝統でもあるとともに、アメリカ人の考え方として、公的な部門、政府があまり大きくなり過ぎるのはよくないという考え方が、その背景としてあるのではないでしょうか。だからこそ、自分たちでやらなければいけないということです。

青山 それは一つのポイントですね。日本もそうならなければいけないと理論的にはずっと言われているんですけど、なかなかそうはなっていない。ただ、すべてにおいてアメリカのやり方がいいわけではなくて、例えばニューオーリンズのハリケーン災害みたいなときを見るとあまりに市役所が弱過ぎる。それで、いまだに復興がうまくいかない。日本の場合、災害対策は自治体がきちんとやるというのが要求されるので、それを自治体が必死でやるということがあるわけです。それがニューオーリンズなんかだと、「だれがやってくれるんだ」と市長が叫ぶような場面がある。だからすべてがアメリカでうまくいっているわけでは決してないですけれども、言えるのは、そういう個人や会社ができるだけの社会貢献をするという文化が、アメリカで定着している。これは日本が学ぶべきことですね。

ハガティ つけ加えると、政府の力を弱くしようという動きが進む前から、フィランソロフィーという考え方、人々がどういう社会還元、社会的な貢献をしていくかという考え方を我々は持っていたので、そういう点では政府が小さくならなければ人々が出ていけないという考え方ではありません。その両立も、成し遂げられています。

社会企業の役割とは何か

青山　税によって行政が実施するべき分野と、企業が市場原理の中でいろいろと良いサービスや良い商品を人々に提供していくという分野、もう一つ〈コモン・グラウンド〉のような社会企業が第三の分野を担っていくということが、アメリカでもヨーロッパでも日本でも、もうさんざん言われているわけです。ところが、どこでも理論的にはそうなると言われているんだけど、実際にはどこでもそうなっていない。ただ、そういう中で〈コモン・グラウンド〉は、それを実際に二〇年間で定着させてきた。その点で、非常に目立っています。アメリカでも〈コモン・グラウンド〉みたいなものが一般的にあるわけでもない。日本でも、社会福祉法人とか生活協同組合とか、そういう行政でもないし、市場原理でもないやり方はあります。したがって福祉とか環境とかまちづくりなど公益目的で活動できる多様な分野において、〈コモン・グラウンド〉みたいに社会企業的なものが、新しい分野でもっと生まれていいはずです。

それができないのは、一つは非常に寄付税制が整備されていないということがあります。ただ、それはふるさと納税の導入（二〇〇八年）で非常に寄付がしやすくなったんです。今までは一〇万円を超えた分に対する寄付しか減免税の対象にならなかったけれども、ふるさと納税によって、五千円を超えた分はすべて減免税の対象に変わったわけです。税制は大いに改善されました。しかも、今まで減免税は所得税しか対象にならなかった。ところが今は、個人住民税も連動して減免税の対象になることになったので、寄付税制は日本も大いに改善されました。さらに、東日本大震災のあとの寄付税制改革で、だいたい国際標準に達した。法人については、全く改正されていません。法人税も減免税の対象にすることが必要ですが、問題は、法人税を減免することは政府の税収が減るということ、自治体の税収が減るということなので、そう簡単にはいかない。

もう一つの違いは、アメリカは消費税率が日本よりずっと高いことです。ヨーロッパはもっと高いですけれども。だから、税制でどこから何を取るかということをもうちょっと変えないと。日本の場合は、法人税収に非常に依存していますから、こういう寄付に対して法人税制を減免することはできないです。消費税率を上げるときには、当然法人の寄付税制も改正されると非常にいいと思いますが。

こういった社会的問題を日本で解決する場合は、まず出てくるのは行政がやれという話です。実際に市役所なり都庁なりがやっていると思います。そうではない場合としては、大概出てくるのは「民営化しろ」、あるいは「民に委託しろ」という話になるのが通例です。官でも民でもない、社会企業家がこういう問題を解決するに当たり、どういうメリットあるいは役割を持ってこの問題に当たっていけるのかという、そのポイントについてお伺いできればと思います。

ハガティ　最初に申し上げたいのは、常に社会企業が必要かというと、私はそうは思いません。ただし、問題が長期間にわたって解決されないという状況があるのであれば、そういう問題はもしかしたら公的なセクションでは解決できないかもしれないし、民間部門でも解決できないかもしれない。公でも民間でも解決できない問題、もしくは彼らが対応するにはふさわしくないような問題があるのではないかと思います。長期にわたって解決されない問題の多くは、社会的な問題であると思います。そこに社会企業が必要とされる。なぜかというと、そういう問題の多くは、一方で市場経済的な考え方とともに、もう一方で人々へのインパクト、世の中のバランスというものも求められるのです。

市場という点では社会企業は、市場経済的な価値観もしくは考え方を一方で身につけています。事業自体の自立性もしくは経済的合理性にも関心を払います。

ただし他方で、そういう事業が人々にどういうインパクトを与えるかというところにも、価値観を置く。そのブレンドのバランスが求められる問題において、社会企業はその対応に当たるのにふさわしいのではないか。例えば、ホームレスの問題、老人の単身世帯の問題、こういう問題はすべてお金の問題だけで解決できるものではありません。そういう問題に対して公的な部門は、施設などハードの面と、経済面をうまくブレンドするのが余り得意ではありません。そういう問題に関しては社会企業の方が、その両方の問題に関心を払い、そのバランスをうまくとれるという点においてなし得るものがあるのではないかと思います。

●episode 2――〈コモン・グラウンド〉という組織のこと

雇用の条件と給与体系

青山　新しいスタッフは、どうやって雇うんですか。

ハガティ　新しいスタッフを雇うときにはＮＰＯ用のウェブサイトなどで求人募集をしますが、基本的には、これまでのネットワークの中でこの人は優秀だと思うような人に「だれかいい人知らない？」と紹介してもらって、その紹介を元に雇う人が一番優秀な人です。自分のスタッフがどういう関係で来てもらったかは、大体思い出せます。

これまで雇用した中では、野外活動プログラムみたいなもの、例えばグループでいろいろな共同作業をしなさいというアメリカの学校のプログラムがありますが、そういうものの責任者になっているような人は、我々の組織でもたいへんよく働いてくれます。そういう人たちは、チームをどう構成して、人々をどう勇気づけて、目的意識を持たせるかということに非常に長けていると思います。あと私が実際に若い頃やっていたような、ボランティア活動ですね。貧しい地域に実際に住み込んで人々の支援をするというようなことの経験者も、非常にいい働きをします。そういう人たちは、社会の問題がどういうことなのかを実体験で知っているからです。

また、経験がなくても、そういう価値観みたいなものを持っていることが重要です。社会にとって何が重要なのかという価値観を持っていれば、非常にいい働きをしてくれます。

――ただ、価値観だけで経験がなければできないと思いますが。

ハガティ　どういうところに採用するかによります。最初どういうところからスタートしてもらうか。大きく複雑な組織では、やはり経験もあって価値観もちゃんと持っている人が必要ですけれども、小さな場合にはさほど経験は必要がないかもしれません。ただ、すばらしい価値観を持っていて、経験も十分持っているという人を見つけ出すことは、やはりとても大変なことですね。

青山　どうしても日本では、ボランティアで働く人はお給料は低くてもしょうがないんだという議論になりがちです。

ハガティ　このところアメリカでは、公務員の給料とそういう非営利団体の給料は同じレベルに近づきつつあります。

青山　日本では、公務員の給料が高いですね。

ハガティ　アメリカの場合はＮＰＯといっても、それこそ自治会に毛が生えたようなものから病院や学校まで、たくさん種類がありますので、ＮＰＯの給与体系は、平均を見るだけではその実態はちょっと語れないかもしれません。

ニューヨークとか東京とかそういう都市部の場合、例えばＮＰＯであったり、もしくはその補助部門、サポート業務に従事する人の給与は、やはり幹部スタッフや、金融等のマネジメントのスタッフには遠く及びません。そういう民間企業の幹部スタッフが得る給料は、公務員とかパブリックセクターの給料からかけ離れて高いものになります。そういう点では、都市部の場合には非営利団体が有能な人を集めるのは大変なことかもしれません。

青山　極端に給料の高い層が結構あるから、大変ですよね。

年齢構成

――今〈コモン・グラウンド・コミュニティ〉の人数や年齢構成はどうなっていますか。

ハガティ　スタッフは三二五人ぐらいです。平均年齢は三十代半ばでしょうか、若い人もいますので。ただ、それは印象ですので、ちゃんとした数字ではありません。

男女比はほとんど同じぐらいですが、もしかしたらちょっとだけ男性の方が多いかもしれません。うちはビル管理のスタッフも含めていますので、ビルの管理業務とかそういうものの場合は男性の場合が多いのですが、例えば各部門の責任者などを見ると、ほとんど女性です。

青山　どういう人を入居させるかとか、それから入居した人のケア、フォローだとか、それからあと資金管理の責任者も女性でしたね。非常に説明はクリアですよ、女性のスタッフの場合。資金管理については、ほかのＮＰＯ法人から有能な女性スタッフを数年前に引き抜いたそうですね。

ハガティ　三回ヘッドハンターを使ったことがあります。一回目はそれを寄付でやってもらったことがあります。金融の責任者、ファイナンスの責任者をリクルートするときに、ヘッドハントの会社が寄付でそれをやってくれたのです。あとの二回はヘッドハントの会社にお金を払ってやったのです。けれどもそのときはあまりいい候補者が提示されなくて、結局使わないで、自分たちで探しました。

青山　ヘッドハンターを使う場合は、高いサラリーを払うんですか。

ハガティ　交渉で決めます。手数料制ですけれども、手数料は基本的にヘッドハントしたときには、雇う人の年収の三〇％を支払います。二回お金を払って使ったときは、ほかの企業に行けなくて残ったような人を候補者としてリストの中で提示してきたので、結局そのリストは使わなかったんです。

――先ほど平均年齢は大体三十代半ばとお聞きしましたが、年齢構成はピラミッドになっていますか。年齢は関係ないですか。

ハガティ　メンテナンスの部門は三十代あたりが多いですけれども、ビルの清掃などだともうちょっと年齢が高い人もいますし、大学出たての人もいます。業種というか、職務内容によってやはり異なるわけですが、管理部門の人もいれば、そうでなくてビルの方のマネジメントというか、いわゆる現業というか、そういうものをやっている方もいて、一つの会社でやっている職務が全く違うものがあるので、それによって年齢構成がちょっと違います。直接的に私に報告するような立場にある人が、六十二、五十八、三十、三十五、四十、四十五歳です。

青山　理事長に報告する立場の人が非常に多様なのですね。

――そういう意味では、アメリカはやはり能力次第というか。

青山　そうですね。日本は最初から、面接を受けるのに年齢制限があるでしょう。

ハガティ　技術と価値が一番大事です。

青山　そうですね、それは日本でもいずれ変えていい。特に高齢社会は、働ける人が大勢いるんだからね。

ハガティ　私にも報告してくれて、私が監督もするし、ほかの人からも監督を受けているような、直接的に一番偉いというポジションではないですけれども、私ともアクセスを持つような立場のあるスタッフは二十五歳です。彼女も非常に有能で、信頼できます。大学を卒業して一年後から我々と一緒に働いていますが、アフリカのマリで医療クリニックを自分で開設、運営をして、帰国してからも非常に重要なプロジェクトの運営に携わっていたことがあります。彼女が携わっている課題というのは非常に経験と成熟した精神性、人間性を持たなければなりませんが、二十五歳でもそれをこなせる。年齢というものがすべてではないです。

年齢差別禁止法がありますので基本的に年齢は聞けないのですが、ただ、学歴を聞けるので、大学をいつ卒業したか、そこを二十二歳に設定すれば、大体のことはわかります。

青山　私も、それで設定しました。

3 アメリカ各地への展開——建物から街区へ

コネティカットやニューオーリンズの人々の性格

青山　現在コネティカット州でも幾つかのプロジェクトがあると思いますが、それはニューヨークに近いからですか。それとも、自分の出身地だからですか。

ハガティ　両方です。我々は今コネティカットでプロジェクトを幾つかやっています。一つはそれこそ出身地のハートフォードでやっていますし、もう一つ別の都市でもやっています。コネティカットという場所は州自体が問題を抱える場所でもあって、一つには行政とか公的な制度が非常に弱い地域だと思います。ハートフォードについて見ると、人々は非常に悲観的、ペシミスティックな態度を持っていることが特徴かと思います。多くの人は「これはできないんだ、これもできないんだ」と、何ができないかということを語りがちで、何が必要か、何が可能かということをあまり語らない状況があると思います。

私は、ニューオーリンズでハリケーン・カトリーナの後の復興プロジェクトにも携わっているので、時にはニューオーリンズに行った後同じ週にハートフォードに行くということがあります。そういうときに感じるのは、ニューオーリンズの人はより楽観的で、あんなにひどい災害があった後でさえ、責任を持ってこれから何をしようかと考えて、それを態度で示すわけです。それに比べるとハートフォードの人たちは、何を行なえばいいのか、市のために何ができるのかはあまり語らない。人的な資源等もあるのに、そういう態度を示せない。何が問題なんだろうかと、時々考えることもあります。

シダーウッズのプロジェクト

青山　コネティカットでのプロジェクトのうち、一つはシダーウッズですね。

ハガティ　シダーウッズのプロジェクトは、我々がもう六年ぐらいかかわっているプロジェクトです。これは、非常に問題を抱えたウィンダムハウスというビルがあり、非常事態とも言えるようなこのビルを何とかしてほしいということで、州政府から我々に依頼があって関与することになったものです。問題を抱えていたビルが元々あったのですけれども、計画の立案から実施に至るまであまり適切な形で行なってこなかったため、それの改修はあきらめて新しいビルを建てるというふうに計画を変更して、実際に建てようとしているところです。

なぜそうなったかというと、州もしくは市当局に、この問題を何とか解決しようという政治的意思が弱かったということがあります。とにかく州と市は五年間にわたってどうするかを議論していたにもかかわらず、結局結論にまで至りませんでした。一方で我々の仕事はそのビルに住んでいる人たちに安全な生活を提供することであるわけですが、ビル自体が非常に大きな問題を抱えていて、しかも州も市も解決をしない中では、もう新しいビルを建てた方が早いだろうと判断しました。そういうことで、我々は州に資金的な援助を依頼して、シダーウッズという新しい建物を建てるというふうに方針を変更しました。

これは、ロバート・スターンという有名な建築家がデザインをしました。この人は、イェール大学の建築学部の学部長です。そういう点では、大学との共同プロジェクトという形にもなります。

コサス・ストリートのプロジェクト

青山　もう一つのコネティカットのプロジェクトは、ニューヘイブンのコサス・ストリートですか。

ハガティ　コサス・ストリートの方にはここ三年ぐらい我々はかかわっているんですけれども、これはイェール大学の建築学部の学生と協力していて、学生が退役軍人たち、特に住宅に関する問題を抱えている人たちのためにデザインをして、建築をするということを行なっています。基本的には、二つの家族が住めるような住宅をデザインして、建築し、我々の方でそれに必要なさまざまな社会的サービスを提供するということを行なっています。

この施設は、ホームレスとか低所得者の人たちではなくて、退役軍人の施設です。女性の退役軍人を一番中心的なターゲットとしています。一部は分譲、一部は賃貸です。だからほかのサポーティブ・ハウスのように、社会的なサポートをするための専従のスタッフがそこにいるわけではなくて、ニューヘイブンですからそれこそイェール大学があるので、そこからサポートをする人たちはやってきます。タイムズスクエア型の、そこにスタッフが常駐してサービスを提供する形のサポーティブ・ハウスではありません。

大学生と一緒に退役軍人のために家を提供するというプロジェクトは、この後に二つ、キングプレースというところでもつくっています。

ハートフォードのプロジェクト

ハガティ　三つめの、ハートフォードというのは、元々私が通っていた教会がある生まれ育った町ですけれども、そこの施設、ベティ・ルース&ミルトン・B・ホランダー財団センターは二〇〇九年九月にオープンしたばかりです。面白いことに、本当に偶然ですが、その教会の道を挟んですぐのところに、新しい我々の施設が開設されることになりました。

ハートフォードに新しくオープンした、教会の近くの建物は、非常に歴史的な建物を改修したものです。ホーランダーというのは我々にこの建物と、また別の土地も寄付してくれた家族の名前ですが、この建物はコンバートするときにエコフレンドリーな（環境的に持続可能な）施設を取り入れた、ハートフォードで最初の建物でもあります。

またハートフォードでは別のプロジェクトも進んでいて、元々工場だった土地があるんですが、そこの土地の所有者が我々にそこの土地を寄付してくれて、住宅の建設と、町の再生のためのプロジェクトをこれから進めようとしています。

非常に大きくて、本当に一街区と言えるぐらいの大きなところです。先方はもう我々にここを寄付したいと言っているわけですが、ただ、元々工場跡地だったので、どういう潜在的なリスクがあるかをいま検討しているところです。ここに住まいと、あとは町を再生するための別の施設などもつくる予定です。

地区を対象とするプロジェクトへの展開

青山　最初にタイムズスクエア、次にプリンス・ジョージ、そのほかコネティカットやブルックリン等でも、次々と新しいプロジェクトに取り組んできたわけです。これらのその後の新しいプロジェクトの中で、今までとはやり方が違うとか、あるいは新しい手法だとか、そういった最も特色のあるプロジェクトを一つ挙げるとすれば、どのプロジェクトになりますか。

ハガティ　近年において一番ユニークなものという点で挙げますと、ブルックリンのブラウンズビルでやっているプロジェクトです。ブルックリンは、ニューヨークのマンハッタンのすぐ隣の地区ですが、社会的に非常に問題のあるすごく貧しい地区で、これに関しては建物ではなくて一つの地区のマスタープランから我々が関与しています。そこに低所得者、中所得者層でも借りられるような家を提供するだけではなくて、例えば社会的な問題も解決していこうということで、ほかのＮＰＯの人や政府の人とかと協力して、そのコミュニティの中には新しい商店街等もつくろう、もしくはそういう経済的な団体とも協力していこうとしています。

例えば社会的なサービスという点で言えば、教育や子育て、健康といった問題にも対応していこうということで、我々が今まで一つの建物の中で行なってきたことをネイバーフッド（近隣地区、コミュニティ）、エリア単位で行なおうとしています。我々が今まで一つの建物の中で人々をサポートしてきたことを、地区という単位に幅を広げて行なっている。しかも当初のマスタープランから携わっているというところで、非常にユニークであると思います。ただ、これはもちろん今まで同様、さまざまなレベルの収入の人たちが入って、いろいろな層の人たちが混ざり合うようなコミュニティを形成していこうということを行なっています。

青山　それはブルックリンの東部、ダウンタウンですか。

ハガティ　ロウワー・マンハッタンから四五分ぐらいのところ、東中心部のブルックリンのブラウンズビルです。この地区は非常に貧しくて、非常に犯罪率が高い地域です。そういう点で教育問題とか就労の問題というさまざまな社会的な問題を抱えている地区であって、多分失業率は三五％ぐらいになると思います。民族的構成から言うと多くの人がアフリカ系アメリカ人、黒人の人々です。この地区では四四〇〇戸のアパートが、五六のビルに入っているという状況で、我々は今回、地区全体に関係することになります。

一九五〇年から六〇年代の非常に悪い、典型的な公共住宅のあり方で、大きな通りをつくったことによって、ほかの地域から隔絶されてしまっています。しかも高い建物をたくさん建てていますが、すごく細い通りなので、警察も入ってこない。集約された貧困というような感じですね。本当に貧しい人だけが住んでいて、そこには行政サービスも提供されなければ、商店もない。

我々は、健康的なコミュニティとか環境をここにつくり出そう、コミュニティをやり直そうとしています。既存の建物を取り壊すということはせずに、そこにつけ加えることによって健全なコミュニティを取り戻していこうとしているのです。中に大きな道を入れて、普通の人もちゃんと通るようにして、あとは商店街を入れたり、行政サービスの建物を入れたり、またいま空き地になっているところに、新しい建物を建てるというようなことをしようと考えています。

東京にも多分あると思いますが、ニューヨークにもゾーニング規制というものがあります。そのゾーニング規制でちゃんと計画をしていなかったことによって、容積率の余剰分が実は二百万平方フィートぐらいあるわけです。開発できるだけの余剰分のキャパシティがその土地にありますので、そのゾーニングで余っている容積率を使って、新しい建物をそこに建ててしまいます。そして、そこに例えばもうちょっとお金を持っている人を入れることによって、その地区に貧しい人だけがいるのではなくて、さまざまな社会の層が入れるようにしようということをやっています。

あとは、市の機関が持っている空き地があるので、そこに例えば環境関係の工場を建てることによってそ

ブルックリン・ブラウンズビルの住宅群（右頁、左頁上）
ブラウンズビルの住宅街の一角にある刑務所（左頁中）、商店街（左頁下）

ういう労働需要をつくり出したり、実際にここをグリーンにしていくために、そのために必要なものを提供する。そこには地下鉄も通っていますので、そういうふうに人々を多く居住させることによって地下鉄の運行率もより高めることができるでしょう。

既存の状況では非常に見栄えが悪いわけです。そこに例えばより緑あふれる緑地帯を設けるとか、屋上緑化を進めるということをして、環境的にも配慮した建物群にします。それよってまた雇用も創出できます。

あともう一つやっているのは、環境的な配慮もありますが、資金的な調達の部分とも関係してきます。我々は今いろいろな形での資金調達をしようとしていて、例えば環境に対する助成金があったらそういうものも使おうとしています。そういう点では今まで重油などを使っていたエネルギーの面も、再生可能なエネルギー資源を使ってこの地区にエネルギーを供給するといった形で環境にも配慮しています。

この地区には、例えば農業用のスペースも設置をするとか、あとチャータースクールを五つ新しく開校します。そういう点で我々は住宅局と共同でやっているわけですけれども、彼らがおかしいんじゃないかと思うぐらいのプロジェクトを我々は提供しています。こんなに大きくて、とても壮大でクレイジーなんじゃないかと。

青山　それは、ドノヴァンさん（一六四頁参照）が局長をやっていたニューヨーク市の住宅公社ですか。

ハガティ　ドノヴァンさんとは別の住宅局の方ですが、ドノヴァンさんも実は似たようなことを考えていました。

青山　公社じゃない、ニューヨーク市そのものの部局ですね。つまり現在のこのブラウンズビルにおける所有者というのは、ニューヨーク市ですか。

ハガティ　ニューヨークの住宅局が五六の建物と、その土地を所有しています。

ブラウンズビルの地元議員事務所

青山　まるっきり、都営住宅と同じものですね。

ハガティ　新しい担当者が入ってきて、彼らがまず最初に言ったのは「これは我々がやることなの?」という対応です。その前には数年間、別の担当者とともにずっとやってきたんですけれども、全然進まなかったんです。新しい責任者が来て「いいけれども、これ、全部自分がやるの?」という話になりました。

青山　これは、ニューヨーク市の住宅局の資金でやるんですか。

ハガティ　彼らは財政的な危機にあって、全くお金がありません。それで私たちがやろうとしていることに関わる、例えば環境とかエネルギーといった別のさまざまな部門からお金を引っ張ってきて、ここの地区の再生をやろうとしています。そういう点においては住宅局にとってもこれは非常に利益になることで、別のところから彼らの仕事に対してお金を持ってこられるということがあります。

〈コミュニティ・ソリューションズ〉が描く新しいまちのイメージ

青山　これはもう、実施が決まっているんですか。

ハガティ　計画段階ですが、一部は、もう実施されています。基本的には個々の建物はまだ計画段階です。ただし、そこで例えば雇用とか、家族に対する支援のようなソフトのサービスは提供し始めているし、ほかの関連するＮＰＯにもこの地区に入ってきてもらって、彼らのサービスを提供してもらっています。また、我々自身もこの地区に数年前から入って、この地区におけるコミュニティの形成、もしくはそこのリーダーの育成を行なっています。実際、この地区では我々の活動によってホームレスの数は低下傾向にありますし、多くの人に対する就労支援も一定の成果を上げています。建物の方は基本的に計画段階にあると言いましたが、今さまざまな計画がある中で、二つのビルに関しては急速に手続きが進捗している状況です。

つけ加えたいのは、なぜ我々がこのプロジェクトにかかわるようになったかということです。ずっとホームレスに関係するデータを見てきたときに一つわかったことは、ホームレスというのは基本的に貧困が集中しているところで発生しているということです。そうであるならば我々が一つできることとして、そういう貧困が集約しているコミュニティを強化していく。その質的な向上をしていくことによって、ホームレスが防げるんじゃないかと考えました。我々が直接的にアシストすること、できることは限られているわけですが、そういう点ではそれこそ「地域にこそ発展に導く力がある」と「内発的発展論」を唱えた鶴見和子さんではないけれども、コミュニティの内部というものを強化することが、将来的なホームレスの発生を防ぐために非常に重要なのではないかと考えています。

町づくりに取り組む——ベースはホームレスをなくすこと

青山　〈コモン・グラウンド〉としては、今までいろいろな形で低所得者やホームレスのための住まいを

ブラウンズビルの小学校

確保するということをしてきたわけですが、このプロジェクトが進行すると全く新しい段階に入って、町づくりに〈コモン・グラウンド〉が取り組むということになるのが一つあります。

それからもう一点は、いま言われた、ホームレスになった人たちの対策ではなくて、ホームレスになることを未然に防止するということです。そういった二つの意味で、これは〈コモン・グラウンド〉にとって新しい段階に入ると理解できますけど、そういう理解でよろしいですか。

ハガティ　そうですね。ただし、私は常に同じことを考えていて、それはどうしたらホームレスをなくせるかということです。我々は、今まではホームレスになった人を助けてきた。そこに、ホームレスになることを防ぐということが新たにつけ加わったわけですが、ホームレスの発生をなくしていこうという点ではどちらも同じ、私が昔から考えていたことに対する対応です。

青山　もう一つ。ブルックリンのプロジェクト

〈コミュニティ・ソリューションズ〉のブラウンズビルの事務所の入口（上）
同上ロビー（2012 年 8 月に明治大学公共政策大学院生らが訪問）（下）

でチャータースクールを五つつくるということですが、これはまたロザンヌのネットワークで言うと、この人に校長先生を頼みたいという人たちが、やはりいるわけですね。

ハガティ　我々は、学校の運営とか設立に関してはノウハウがないと思っています。ただし、我々はどの団体がチャータースクールの運営にすごく適していて有能かを知っています。〈アンコモン・スクール〉という団体がありまして、そこが今回、市教育当局から五つの新しいチャータースクールの開設の認可を得たわけです。我々は、その手続きに関する調整を行なっているということです。

青山　それからタイムズスクエアの場合には、コロンビア大学のチームが生活相談に活躍していると思います。そういう意味で、今度例えばブルックリンのブラウンズビルのプロジェクトの場合だと、既に始めているソフト面での生活相談とか就労とかというところで言うと、〈コモン・グラウンド〉が自らやるのか、それともタイムズスクエアにおけるコロンビア大学のチームみたいな存在があるのですか。

ハガティ　今回も基本的には我々が直接的にサービスを提供するものもあれば、パートナーが提供してくれるものもあり、共同の対応になると思います。ただし今回このブルックリンで新しいのは、一つには一部のサービスに関しては我々自身が自分たちで事務所を開設して提供している点です。なぜかというと今回コミュニティという単位でホームレスの防止を考えた場合に、しかも今まで我々がやってきたさまざまなプログラムを統合してサービス提供を実施しようとしたときには、自分たちでやはり直接的にサービス提供した方がいいと考えられたからです。これに関連しては〈ファミリーズ・ファースト〉という全国的な団体がありますけれども、いまそこが我々に彼らのノウハウを教えてくれて、我々はそこのトレーニングを受けて彼らのスタイル、彼らの方法も使っていくことを考えています。

拡大を続ける建築計画

青山　ブルックリンのプロジェクトで〈コモン・グラウンド〉は全く今までとは違った段階に入ると思いますけれども、当面いままでのベッドを増やしてきたというので言うと、タイムズスクエアとかプリンス・ジョージで千ベッドぐらい提供している。そのほかの二百ベッド程度を提供するプロジェクトも、ニューヨーク、あるいはコネティカットなども含めると千ベッド以上提供している。〈コモン・グラウンド・コミュニティ〉でわかる限りで言うと、こういう数え方がすべてではないんだけど、仮にベッド数で〈コモン・グラウンド〉の事業をカウントすると二千数百のベッドを提供している勘定になるんですけれども、大体そんな感じでよろしいですか。

ハガティ　シェルターと違ってそれぞれ部屋単位で提供されていますので、部屋単位のカウントです。ニューヨークで言いますと、いま二八〇〇室ぐらいあって、この三月で全部で三一〇〇になるでしょう。ニューヨーク以外の全米各地では、コネティカットに七六室をもう既に提供しています。全米各地でこの数年以内に、全部で一〇〇八室の新しい部屋が確保されます。加えて、ニューヨークであとまた七百ぐらいのアパートメント等々がいま計画段階にあります。

青山　ブルックリンのプロジェクトみたいに、部屋数で考えないで町づくりに取り組むという、新しい段階に既に達していると。

ハガティ　この七百の中には、ブルックリンのものも含みます。新規に建築するものです。最近では八八室、あと七四室とか一六三室という数の建築計画が、もう既にブルックリンでは始動しています。また、二百室の建物の建築計画もあります。

ニューオーリンズ復興へのかかわり

青山　あとニューオーリンズの復興に対するかかわり方はまたこれらのかかわり方と違って、例えばマーサ・ケーゲルの〈ユニティ〉と協力するとか、あるいはそのほかの方法で復興にかかわったと思います。ニューオーリンズの場合、そういう意味ではニューヨークとかコネティカットで行なっているプロジェクトのスタイルとは、また違った形だと思うんですよ。

ハガティ　ニューオーリンズにおいては〈ユニティ〉という、元々ニューオーリンズ地区においてホームレスの支援をしてきた団体とパートナーシップを組んでやっています。この〈ユニティ〉は、地域においてサポーティブ・ハウスなどを提供してきました。何件かのコンサルタントを使いながら行なっていたわけです。ただし、サポーティブ・ハウスの運営とか建築という点ではノウハウがどちらかというと乏しいものでした。それで〈コモン・グラウンド・コミュニティ〉が〈ユニティ〉とパートナーシップを結んで、新しい地域組織をつくり出し、そこがこういうサポーティブ・ハウス等の投資家になり、またここでトレーニングとか教育も行ないます。計画としては、これから二年間のうちに大体五百室のサポーティブ・ハウスを建築・提供しようと考えています。

この取り組みは、二〇〇五年に災害があってから行なわれているという点では非常に長期にわたるもので、資金調達が大きな問題でした。ご承知かもしれませんけれども、連邦政府は災害があった後に、建物の所有者に対してはどちらかというと良い補償、サポートをしてきたわけですけれども、賃貸の居住者に関してはあまりサポートを提供できなかった状況があって、これが問題を長期化させています。

青山　〈ユニティ〉の活動の中で、追い出されそうな人に対して、その家主に対して追い出されないようにいろいろ交渉するチームがありますが、そういった活動は元々〈コモン・グラウンド〉でやっていた活動ですか。それともニューオーリンズの災害後という特殊事情で、そういうことをやったのですか。

ハガティ　いま青山さんがおっしゃられたようなものは、実は〈ユニティ〉という団体、その代表のマーサ・ケーゲルさんという女性たちが前からやってきたものです。マーサさんと〈ユニティ〉は、災害前はもっとサポーティブ・ハウスを提供しようということをやっていたわけですが、災害後はそれにプラスして連邦政府とか州政府に対するさまざまな働きかけを行なっています。被災者に対してシェルターを提供するだけじゃなくて、ホームレスの問題というのはちゃんとあって、それに対する対応をしなければいけないというような活動をする。それに関して我々が支援をするということで、例えば〈コモン・グラウンド〉がやっていることはホームレスに関する計画であったり、もしくは政策立案での支援を行なっています。全体で、最終的には三千ぐらいのサポーティブ・ハウスの建築を計画しており、その中で二五〇〇はミックスト・インカム（多様な所得層が混在する）の建物で、五百は特にサポートを必要としている人のための住居、全体で三千です。

あと二つ目として行なっていることは、五百の本当に支援を必要としている人たちへの、住宅に関する土地とかの確保ですね。あとは、実際の手続きのところの支援です。

三つ目としては、〈コモン・グラウンド〉のスタッフがニューオーリンズの〈ユニティ〉のスタッフにトレーニングをしています。特にアウトリーチ、実際に路上生活者のところに行ってその人たちを施設に迎え入れようというサービス提供をするために、どういうことが求められるかというトレーニングの提供と、実際にそういうアウトリーチ・プログラムの実施を、〈ユニティ〉と共同でやっています。

あとはこのような五百の住宅等が建築された後に、どうそれを管理していくか。そういう管理者側のトレーニングも実際にスタートしていて、これからも継続的に行なおうと考えています。

日本の派遣労働者解雇問題

青山　ここで、日本のホームレス対策に対する一つのヒントがあります。今の日本のホームレスの一つの原因として、派遣労働者が大量に解雇されて、解雇されたらただちに会社の寮を追い出されたというのがあります。二〇〇八年末の派遣村も二〇〇九年末の派遣村も、これです。本来は現実に生活していた場所があるわけだから、派遣労働者の解雇問題というのは別の法律問題なんです。ただ、ただちに寮の大量退去が始まったということが大量の難民を現実に生んで、それをただちに政府が引き取って生活保護をかけるのは非常に不健全なやり方です。賃金が支払われなかったのは労働契約に関わるので、いま争いが起きていますが、これは別問題として、少なくともすぐに空き家にしない。仮にそれに対して生活保護をかけるのだったら、政府が一定の経費を出してもいいからその寮に住み続けさせることにする。そして一挙に大量の難民が生まれるのを避けるということをしなければいけない。その交渉が全く、だれからもなされなかった。政府もやらなかったし、派遣村の村長もやらなかった。だれもやらなかった。このように当然のごとく追い出されるというのは非常に問題ですね。今後も必ず好況、不況の波はあるわけですから、そういう場合ただちに派遣労働者難民を生じさせることのないようにしなければいけない。法律で対応措置を考えるのか、市民運動として考えるのかは別として、これは考えなければいけないですね。

現実に〈ユニティ〉の事務所に行くと数人のスタッフが電話相談を受けていて、追い出されそうな人たちに対して、それに対してはとどまれとか、そういう指導をしていくわけですね。出ていくことはない、とか。それから弁護士を紹介すると。何人ものスタッフがいて、そういう指導をしているわけですよ。これはホームレスの防止という意味から言うと、日本にもヒントになり得ます。

ハガティ　それは、非常に正しいアイデアだと思います。結局のところ追い出したところで、寮はそのまま空き家なわけです。

●episode 3――学問と実務の橋渡しを求めて

学問と実務は結びついているか

青山　それでちょっと多少またロザンヌ自身の話になりますけれども、この間ニューヨーク大学博士後期課程に進むわけです。〈コモン・グラウンド〉でも新しいプロジェクトに次々取り組んで、相当忙しかったと思います。そういう忙しいハードな生活を続けながらニューヨーク大学に通うわけですが、その気持ちとか、学んだことをどう〈コモン・グラウンド〉の経営に生かしていくかについてお聞きできればと思います。大学には、いつ入ったんですか。

ハガティ　二〇〇五年です。以前から、また大学に戻りたいとずっと考えていました。ただ、息子がいましたので、それは実際にはかなわないことだったのです。夕方ちょっと学校に通っても、やはり夜は息子と過ごすスタイルをとりたかったわけです。でも、実際にはそれは難しかった。そういう点では息子が大学に入って一人暮らしを始めたときに、今だったら行けるかもしれないということで、私自身が大学に行きました。

青山　二〇〇五年は、東京に息子さんを連れてきたときですか。二〇〇四年だったかな。

ハガティ　それは二〇〇四年ですね。勉強を始めた理由ですけれども、一つには例えば社会学に関する理論等を学びたかったことです。例えば社会における非組織化であったり、コミュニティのあり方であったり、自分に関連するような理論やモデルを学んでみたかったという、学術的な好奇心や関心が一つありました。もう一つは、実は長年にわたって私は学問もしくは研究に対するフラストレーションを抱えていました。どういうことかというと、多額の資金を使って、一番有能な人たちが、例えばなぜコミュニティが失敗するのかとか社会のあり方とかを研究しているのにもかかわらず、それが実務と関連性を全く持っていない。そういうことに長年にわたってフラストレーションを抱えていて、そこを何とかしたいと思いました。そういう研究と実務の橋渡しが必要であろうという思いがあったわけです。

研究をしているにしても、そこで表現されている言葉もしくは表現方法が、実務家にとってわかりにくかったり、全く関係なかったりするということがあります。例えばホームレスとかコミュニティという問題を研究が扱っていたとしても、実務との関連性という点でちょっと結びつきが薄かったのではないかと。私はタイムズスクエアにしてもプリンス・ジョージにしても、だれかが何かをしなければいけない、では私がやる、という形でやってきたわけですが、そういうところと理論とを融合というか、結びつけることが必要だと考えました。

青山　日本から見ると、学問はほとんど実務と関係ないと実務家は思っているわけです。例えば私の場合は、都庁で三六年間仕事をしました。その場合、行政学者とか地方自治の学者のアドバイスを常に必要としたかというと、ほとんど必要としなかった。でも彼らの著書とか彼らの発言で非常に光るものを見つけて、それが自分たちの仕事のヒントになることは時々ありました。でも日常的に彼らと交流することは全く必要ないし、ほとんど無縁だと思っています。

それに比べるとアメリカの場合、そもそも大学院に入る人は一定の実務経験を要求されるのが普通だし、それから大学院の教授も実務経験がある人は普通に多い。ですから日本から見ると、日本と違ってアメリカの場合は大学院の学問が実務家に非常に役立っているように見えるんだけれども、そうではないんですか。

ハガティ　専門大学院、専門的な学校、例えばロースクールとか会計大学院とか、あとはビジネスとか公共政策とか、医学といったところはそうです。ただ、研究分野においては必ずしもそうではありません。一部の例外を除いて、例えば社会科学における人類学者であっても経済学者であっても、実務と結びついていることはないと思います。

例えば実務という点では、経済学者などは外交関係のコンサルタントとしてマクロレベルの問題を提言をすることはあるかもしれません。けれども人々の日々の生活、そのコミュニティであるとか近隣というレベルにおいて、彼らが何らかの実務的な協力関係を結ぶことはあまりないと思います。ただし例えば先ほどコネティカットの例で申し上げましたように、ニューヘイブンで女性の退役軍人向けに住宅を提供するときに、イェール大学の建築学部の学生さんがデザインをしたり、実際に建築をするというようなことがある。そういうふうに、大学によっては教育プログラムの一部として実務との関係性を持たせるような、例外的なものもあったとは思います。

青山　そういう学問と実務を結びつけるのはロザンヌの役割の一つではないかと思うんですけれども、どうですか。

ハガティ　いま個人的なところで言うと、ブルックリンのプロジェクトにもうちょっとニューヨーク大学がかかわってくれないかなと思っています。例えば公共政策の大学院とか、ロースクールとかです。調査をやった結果なんかを見せると彼らは関心を示してくれるので、今後それがいい方向に展開すればと思ってい

〈コミュニティ・ソリューションズ〉の生活指導者と青山佾

ます。また、例えば先ほど農業を実施するようなことを言いましたが、ブルックリンにおける農業のプログラム等に、栄養学などの研究者がかかわってくれないかなということも、アイデアとしてはあります。

青山　そういうことをやりながらでも、当然ロザンヌは〈コモン・グラウンド〉の仕事をずっとやってほしいと我々は思うんですけれども、どうでしょう。

ハガティ　一〇年後どうなっているかは、わかりません。私はずっとかかわっていきたいとは思いますが、私が〈コモン・グラウンド〉の代表という立場であり続けるべきかどうかは、ちょっとそこははっきりしません。

社会企業が提供できる視点とは?

青山　次のリーダーは育っていますか。

ハガティ　はい。私がかかわっていきたい、今後やっていきたいのは、やはりホームレス

〈コミュニティ・ソリューションズ〉と連携する市役所のオフィス

発生の問題の根源に関係するプロジェクト、もしくはそういう事業に積極的に関与していきたいと思っています。それから、国際的なネットワークですね。この分野とホームレスとかの分野に関して非常に先進的であったり革新的であったり、非常によい運営を行なってきている人たちとの国際的なネットワーク化を、今後はしていきたいと思っています。

あと、別にやっているのは、「一〇万戸計画」ということで、なるべく迅速に、なるべく効率的にホームレスの人たちに住宅を提供しようということで、行政の担当者たちをトレーニングするようなプログラムも行なっています。この一〇万戸計画は、ホームレスの率が非常に高い全米の五〇市をピックアップして、そこをターゲットとしてホームレス低減のために行政に対してさまざまな支援、もしくはトレーニングなどをやっていこうと考えているわけです。そこでの計算方法としては、どこが我々と協力しようと考えているのかという考え方ではなくて、どの市を変えていかなければいけないのか、どの市を説得していかなければいけないのか、どこの都市が一番問題を抱えているのかという形で対処していこうと思っています。

今までやってきた中で我々が学んだこと、これは非常に今後も重要だと思いますけれども、コミュニティがどういうふうに問題を解決すればいいのか、解決の手法をコミュニティ自身が学んで、それを記憶し続けるということだと思います。

ニューヨーク大学にエリック・クライネンベルクという学者がいます。一九九五年に発生したシカゴの熱波で、シカゴ市内で何百人も亡くなりました。この人は、この事例を『ヒートウェーブ（Heat Wave: A Social Autopsy of Disaster in Chicago）』という本の中で調べた研究者です。青山さんの知り合いでもあるし私の指導教授の一人でもあるわけですが。そのヒートウェーブで亡くなった方の多くがお年寄りで、どこにも行けずに自分の部屋で亡くなってしまったわけです。熱波による四〇度以上の気温の中で、老人が孤独死をしてしまうようなことをなくすためにはどうしたらいいんだと私が彼に聞いたとき、彼の答えは「もしかしたら、そのための対応の部局を行政組織の中に設置することが必要なのかもしれない」と言いました。でも、それは社会企業家の考え方とは異なるわけです。この教授は行政機関を立ち上げればいいと言ったけれども、いや、ちょっと違うんじゃないかと。

私は自分自身のことを考えて、私の親のことを考えました。私の親は自分たちで責任を持って、少なくとも一〇人の孤独な老人たちを自分たちでケアをしたわけです。我々の目前にはさまざまな問題があり、またそれを取り巻く環境があります。政府に何かをしてもらわなければいけないという考え方もあるかもしれませんが、別の見方、とらえ方もできるのではないでしょうか。例えばそういう問題があったとして、可能性という観点からその問題を見ることができないか。

先ほど青山さんから会社の寮を追い出されてしまったという話がありましたけれども、そういうホームレスの人が出てきそうだとするならば、出てこないように会社を説得するようなものの見方もできるかもしれない。実際にそれをすることによって、会社自体も得をするわけです。どうせ空き家になってしまう部屋に人が住む。そこに政府のお金が入ってくれれば、彼らだって空き家をそのまま放置しなくてもいい。あるいはそういうホームレスの人々を、ある意味で社会における資産だととらえてもいいかもしれない。人が出ていってしまえばそのコミュニティ自体も衰退するわけですから、そこに人が住み続けることによって地域にとっても貢献をするととらえられるかもしれない。

我々は我々自身の近くにさまざまな道具、さまざまな資源を持っているわけですが、それらをちゃんと生かすことができていない、そういうものをちゃんと認識することができていないと言えるかもしれません。そういう点では、私たちはコミュニティがそういうものをちゃんと利用して、問題を解決できるような手助けをしていきたいと考えています。

青山　なぜホームレスになったのか、なぜ社会的に孤立したのかというと、必ずそこに何らかの社会的な排除があると思いますね。アル中だから、障害者だから、精神を病んでいるから、性格的にどうだから、いろんな理由によってその人が社会的に排除されている。そのことによって職を失ったり貧困に陥ったりするわけです。ホームレス対策を考えることは、実は生活保護にかけたりアパートに入ったからそれで解決したわけでは決してなくて、基本的にはホームレスになるような、あるいは社会的に孤立するようなそういった原因を、取り除いていくことが必要だと思います。そういう意味でホームレス対策を議論するということは、この社会にあるいろいろな問題をなくしていくことをみんなで語り合う、そういうことだと思うんですね。

4　10万人のホームレスに住まいを！
――コミュニティ支援という新しい事業へ――

真に支援が必要な人々への支援

青山　前節の最後に、「一〇万戸計画」というプロジェクトに触れていましたが、ロザンヌは二〇一一年に〈コミュニティ・ソリューションズ〉という新たなNPOを創立し、このプロジェクトに力を注いでいます。そのことを詳しくお話しいただけるでしょうか。

ハガティ　では、我々の現在の仕事のやり方を紹介したいと思います。

今いろいろと変動があるにしても、どこかの段階で速報値をとった場合、六五万人のアメリカ人がホームレスの状態にあると言えます。しかしデータをさらに詳しく研究すると、この大きな数字の中の一部、一三万人を除けば、多くの人々はそれほど長くホームレスの状態が続かず、脱却することができるということがわかりました。もちろんそういう方々について何も気にしなくてもいいということでは決してありませんが、やはり比較的短期間でこの方々は自分で解決策を見出して、ホームレス状態を脱却することができているということが、データ上わかっています。

したがって我々が本当に注目しているのは、支援がなければ自分の置かれている状況を変えることができない人々、すなわち介入なくしては今の状態を脱却することができない一三万人の人たちです。

現在我々がやっている活動は、だれが一番支援を必要としているのかを文書化することです。だれが住宅を必要とし、保健の面で、または精神衛生上の問題を抱えているか、また雇用機会にめぐり合うことができていないので、仕事探しにも支援を必要としているのか。すなわち最も支援をしている人たちを特定し、その人たちに必要なサービスを最も効率のよい形で提供していく。それが我々の活動になります。

支援活動の三本柱

ハガティ　我々は、主に三つの活動に力を入れています。まず米国の各都市で、地元の建設業者がホームレスの人たちを支援するための適切な住宅を建設できるように、我々から支援を提供します。

また、ホームレスになる率が非常に高い地域の社会では、そもそも自分の家を失わなくて済むように、すなわち、住宅や家庭環境を安全化させるために必要なものはどういうものであるかを検討します。

したがって、極端なホームレス状態に陥っていて自助努力では脱却できない人たちを特定し、その人たちに優先順位の高い位置づけを与えるとともに、我々は適切なサービスや助言を受けられるように紹介し、サポートをする。このようなシステムを構築するために、我々で各機関のトレーニングを提供しています。

また、各都市がこのような住宅を建設できるように、我々が支援、助言をしています。ですから現在は、我々の組織では建物の建築作業そのものには、もう携わっていません。むしろ地元の建設業者やサービス提供者などと連携しながら、その社会の再構築に貢献しています。

洪水などで大きな損害を受けたニューオーリンズの建物については、以前の体制では建物を一棟ずつ建設していた状況ですが、ほかの機関や組織と連携して彼らに建物を建ててもらうことによって、現在は米国各地で九つのビルを建造しています。

ニューヨーク市ブルックリンのブラウンズビルでも、また、同じくコネティカット州のハートフォードでも低所得層が住んでいる地域がありますが、そこでそもそもホームレスにならないように、いま住宅を持っている人たちに支援を提供しています。

今までのさまざまなデータを見たり、いろんな方と会ってインタビューで聞いた情報に基づいて現在思うのは、やはりホームレスを予防するために政府系の機関は必ずしも有効な手段を持っていない。すなわちホームレスになりそうだという一番早い探知の方法は「隣人」であり、あの家庭は本当にいま苦しそうだという、その注意を喚起できる立場にあるのは隣人だけであると、いま我々は確信しています。

予防こそが最良の対策

ハガティ　また、我々が行なっている活動を財務的に、数字で効果をはかることができると先ほども言いましたが、ニューヨーク市の場合、長い間ホームレスだった人に住宅を提供するのは平均して一万六〇〇〇ドルかかりますが、ほかの支援の方法に比べると我々の方法の方が結果的にはずっと割安になります。すなわち、この額で安定した住居をホームレスの人たちに提供できるのです。もしその同じ人が、住宅がないために病気になって入院しなければならない、または刑務所に行く、または精神病院に行かなければならないという状況になった場合、そちらの方がずっとコストとしては高くついてしまうので、住宅を提供することが結果的には割安になり、しかも正しい判断だと我々は考えています。

しかも、このグラフに含めるべき別の数字もあります。いま住居で生活していても、その家を何かの形で失いつつある人たちが、ホームレスにならないように住居を失うことを未然に予防することができれば、そのような予防的な措置はブラウンズビルの場合五百ドルしかかからないのです。ですから政府のさまざまな支援をその後受けるようになることを考えると、この段階でホームレスを予防した方がずっと割安になります。

一〇万戸の住宅キャンペーン

ハガティ　現在、我々〈コミュニティ・ソリューションズ〉で行なっている全米プロジェクトは「100,000 Homes」、一〇万戸の住宅キャンペーンというものです（http://100khomes.org/）。我々の新しい組織の下での活動は、ホームレスまたはホームレスになりそうな人たちを特定する、また優先順位をつけて適切なサービスを受けるためのサポートを提供するというものですが、この新しいビジネスモデルを起用して、今は一三二の地域で活動を行なっています。我々はそれぞれの地元に出向いて、そこで現地の社会企業と連携し、各地域で彼らを通じてそれぞれのホームレスの状況の改善に貢献することができています。

それぞれの地元の関係者を集めて、地元のチームをまず形成し、そのチームの人たちに我々が助言をしたり、訓練を提供するという形になります。その地元のチームの関係者が地元の住宅についての情報を管理し、また保健衛生、精神衛生や地元のボランティアなどの組織を具体策として実施します。我々は一緒に仕事をし、結果的により多くのホームレスの人たちに住居を提供することができています。

まずそれぞれの地元のチームとともに行なうのは、目標を設定することです。その地域のホームレス何名ぐらいに住居を提供するか、その数を目標として設定します。目標を設定した後に、現地での組織の人たちにボランティアを募って、そしてそのボランティアの人たちに実際町に出ていってもらって、ホームレスの人たちがどのような状況で何人ぐらいいるのか、その調査に当たってもらいます。その調査のやり方を初め、さまざまな必要な活動の訓練、ノウハウを我々から提供します。

また、それぞれのホームレスと思われる人たちに質問をしますが、その調査では、どのぐらいの期間ホームレス状態にいるのか、また、健康状態はどのような状態なのかなどを聞きます。やはり健康上深刻な問題を抱えている人たちに一番の優先権を与え、最も緊急な住宅のニーズを持った人たちを特定し、彼らにまず対応します。

米国各地でそれぞれ目標を設定し、合計した総合目標は、二〇一四年七月までに一〇万戸の住宅を提供することで、それが全体的な目標です。先ほど、ホームレス自体は合計ではもっといるけれども、その中で長期的にホームレス状態にある人たちが米国の場合は一三万人であると申し上げました。ですから、我々のこの運動で一〇万戸の住宅を提供することができれば、米国のホームレスの問題を解決するために大きな勢いを与えることができると考えています。

都市間の連携による相乗効果

ハガティ　毎週のように連携している都市の数が増えていますが、全米の各都市と連携することにより我々もいろいろなことを勉強することができ、それ自体非常に力強い学習となっています。

まず、地域社会でホームレスの人たちに対して具体的な情報があれば、すなわちその人たちの名前がわかれば、その人たちを非常にクリエイティブな形で支援することができるということを、我々は学んでいます。また、我々のこのプログラムに参加してくれているそれぞれの地域が、毎月、電話会議で意見交換を行ないます。そうすると参加都市から、自分の状況においてはこのような解決方法がうまくいったなどと、お互いのアイデアを交換することにより短期的にパフォーマンスを上げることができて、リアルタイムに意見交換をすることによって状況が改善されます。

また、成功例が増えてくれば、それ自体大きな動機づけとなります。というのは、従来からそれぞれの地域でホームレスを支援しようと、より個人レベルまたは小さなグループのレベルで活動を行なってきた団体も多く見られますが、単独ではなかなか改善の実績を上げることができなかった。しかし、ともに活動することにより成功例を増やしていくことができる。そうすると、その成功とともに勇気づけられるので、さらに活動を続けるエネルギー源となります。

また、都市間の競争等も大きな原動力となります。毎月データを収集し、参加地域、参加都市にその情報を配布します。その現地で設定した目標に対して、いま実績がどうなっているのかを示し、ほかの都市ではその都市が設定した目標に対して、彼らはどのぐらいの進捗状況なのかも示しています。

また、それぞれの都市が米国各地でこのような活動をしていると、連邦政府レベルでもその政策面での共通性を見出すことができるので、連邦政府レベルの政策も実施しやすくなります。最近の四カ月だけをとっても、連邦政府レベルでの重要な政策の変更、規制の変更などが、住宅や、退役軍人局などの政策でも変化が見られてきています。このような規制の変更などは、米国各地の都市がさまざまな活動を始め、お互いに連携をとり出したので、その連邦の規制がこのような障壁になっているのでどうにかしてほしい、というような訴えを中央政府に対してもしやすくなってきています。

都市間での協力をすることができると、データをお互いに活用し、一番支援をしている人たちの優先順位を把握することができますし、このようなシステムや情報を効果的に、ほかの目的のためにも活用できることがわかってきています。例えばほかの国にも我々の方法が伝播している例としては、我々の方法に基づいてオーストラリアの八つの都市で運動が開始されています。日本における東北の震災の直前、オーストラリアのクイーンズランド州では大規模な洪水がありました。オーストラリアでは我々のツールを使って、洪水などで元々の住まいから避難している人たちを、その仮設住宅等から動かすことができています。自分の住まいを失った社会的に見て最も脆弱な人たちに、オーストラリアでは我々のツールを使って住居を提供しているのです。しかも、非常に秩序のある形でこのプロセスを促進することが、オーストラリアでもできています。

成功が勇気づけになる

ハガティ　では、直接影響を受けている人たちにとって、これらがどういう意味を持っているのか、最後にお話ししたいと思います。

二年前に〈コミュニティ・ソリューションズ〉というこの新しいプロジェクトを開始して以降、米国では、長期間ホームレスだった一万七〇〇〇人の人たちに住まいを提供することができています。

我々の活動で支援を受けた典型的な事例ですが、三〇年間ロサンゼルスでホームレスであったエドさんという方に、支援を提供することができました。もちろんこの三〇年間に、エドさんは、無料のスープをもらったり、地元の病院の救急室に行って処置をしてもらったこともあったのですが、三〇年間だれにも住宅というかたちでは支援してもらえなかったので、ロサンゼルスの道端でずっと生活してきたわけです。

ロサンゼルスの市と郡がこの住宅提供キャンペーンを開始したとき、優先順位の高い最初の五〇人のグループの中にエドさんは入っていました。短期間のうちに住宅を提供して、最初の六カ月間は多少の問題がありましたが――アルコール中毒症だったのでその治療も必要だったのです――、最初の六カ月間が過ぎた後には新しい住居に完全に溶け込み、二年以上普通の生活ができています。

この方の例は典型的ですが、各当局がもうあきらめてしまっていた、忘れられてしまった人たちに本当に必要な支援が提供されていなかった例は非常に多いのです。我々の活動を通じてその支援をすると、本当に彼らは生活を変えることができているわけです。今までは絶対この人は生活を改善することができないであろうと諦められていた人たちが、実際に自分自身の住まいを持つと、生活そのものを成功裏に変えることができている。このような成功例を見ると、その地元の支援団体にとっても本当に大きな勇気づけ、動機づけとなります。

先ほども申し上げましたように米国各地一三二の地域で活動を進めていますが、やはり最もホームレスの率の高い地域に、特に照準を合わせて活動を続けています。特定の都市の、最も脆弱な立場にある人たちに注目して、集中して彼らに対応すると同様に、全米の各都市の状況も比較し、最もホームレスの率が高い都市に、我々は特に注意を払っています。

それぞれの参加地域に毎月送られる報告書により、いかに各地域が改善し、成功しているかなどの情報が共有されます。今までの社会サービスのアプローチとは全く違う方法であり、いかに本当によりよく社会を変えていくことができるのか、その具体的な数値でも確認することができます。

我々は最初の段階では建物を一戸ずつ準備して建てていたわけですが、それが進化し、現在は我々の活動が全米に広がり、問題の本質に対応できるようなやり方、組織に変わってきています。やはり我々がコミットして何かやる、すなわち課題を見出し、チャレンジして克服しようとする。そうすると本当に改善が実現できる、我々が提供したいサービスを提供できる、それを実証することができています。

医療サービスの資金はどこから

青山　ホームレスの方に提供される医療サービスなどの資金は、どうやって確保していますか。また〈コミュニティ・ソリューションズ〉の運営資金は。

ハガティ　医療サービスなどの資金の確保ですが、これは地域によって違いますが、連邦政府または州または自治体などの公的機関が、そのような医療サービスを受けた人の医療機関への支払いを行なっています。ですから先ほどエドさんの例では、病院にしばらく入っていましたので、公的資金でその支払いを行なっています。

また、米国の保険制度はさまざまな課題を持っていますが、連邦または州の予算の中でも、やはり医療費は非常に大きな部分を占めているので、各レベルの政府はいかにその費用を削減できるか、すなわちより低いコストでよい医療サービスをいかに提供するかに、政府自身とても関心を持っています。

我々〈コミュニティ・ソリューションズ〉の組織自体は、資金の約五〇%は財団や企業からの資金で賄われています。また、残りの部分は個人からの寄付金もありますし、政府から契約を請け負う際の代金や、我々は今コンサルタント業を行なっているので、それに対しての代金を組織として受け取っているので、それも収入源となっております。

青山　以前ロザンヌが〈コモン・グラウンド〉をやっていたときに、我々がニューヨークで、〈コモン・グラウンド・コミュニティ〉にとって最も大切な寄付をしている企業の人を紹介してもらい、それで私がインタビューをして、考え方を聞きたいということをお願いしたら、そこに現れたのは日本の銀行のアメリカ法人でした。私は東京都のホームレス就業支援協議会の会長をしているんですが、その日本の銀行は、そこ

ブラウンズビルの〈コミュニティ・ソリューションズ〉の「薬をきちんと飲みましょう」と勧めるポスター（上）
ブラウンズビルにある〈コミュニティ・ソリューションズ〉の事務所で話し合うロザンヌと青山（下）

には寄付は全然しない企業ですけど、アメリカでは寄付をかなりする。これはやはり、アメリカでは銀行の支店を出すとか新しい事業についての許可を得る場合に、どれだけ社会貢献をしているかということが大きな要素になる。そういうことで寄付を促している。そういう状況もあると思います。

ニーズとサービスのすり合わせが重要

青山　先ほどのエドさんのようにアルコール依存などを持っている方は特にその支援が大変だと思いますが、数ある支援の中でも、そういう方に対して特に大切だという内容を教えていただきたいと思います。

ハガティ　やはりその御本人が持っているニーズに合致したサービス提供機関をマッチングさせる、そのマッチング作業を行なうのが最も難しいと思います。もちろん基本的に我々は住まいを提供しようというところからスタートするわけですが、そのプロセスの中でドクターの支援も必要になってきますし、ケースワーカーの支援も必要です。もちろんそれぞれの方との相性もあるので、どのサービス提供機関またはその代表者であったとしても、その対象の御本人とのマッチングが必要であり、合わなかった場合には別の選択肢も考えていかなければならないので、適切な組み合わせ、マッチングに至るまで、とにかく我々は長期的にコミットするんだという認識が重要であると考えています。

ホームレス生活を「求める」人々への対応

青山　ホームレスの方が正常の生活に戻ることはもちろん重要ですが、正常な生活に戻ったあとの持続可能性を考えたときに、中には正常な生活を拒むホームレスの方がいるということが前提だと思う人もいると思います。このような前提というのは、間違っているのでしょうか。本当に普通の生活を拒むケースが多いのかどうか、教えていただけますか。

ハガティ　我々の今までの経験では、実際に支援を拒む人たちのパーセンテージは本当にごくわずかです。拒む事例でも、そもそもマッチングがうまくいっていなかった、すなわち彼らのニーズに合った支援サービスが提供されなかったために支援を断ったというのが、典型的な拒んだ事例ではないかと思います。

例えば、あるシェルター施設に連れていきたいと我々が提案しても、ニューヨーク市などの場合にはそのような施設がいろいろと数があって、その方は以前そういうところに行って物を盗まれたとか、けんかに巻き込まれてしまったという経験をしているがゆえに、行きたくないと拒む場合もあります。ですから拒む正当な理由を持っている場合も多くあるので、その方へのアプローチ、問いかけの方法として、ただ単に、「シェルターに連れていきますのでついてきてください」ということではなく、今の状況を改善するために一緒に考えて、一番いい方法を見つけましょうというアプローチをすることが好ましいと思われます。

日本の状況については、今でもそのような手続きが必要なのかどうかはわかりませんが、以前日本に来て通訳を通じてインタビューを行なったとき、やはり県からの支援を受けるためには家族と連絡をとらなければならない。家族が責任を負えないときのみに県からの支援が出るので、まず連絡先をと本人は聞かれます。そうしますと、やはり御本人にとっては家族に知られたくない、それは恥だと思う方もおられるので、そんなことをするんだったら家族には、もう死んでしまっていないんだと思われた方がまだましだということで、支援を拒んでいる方もおられるのではないかと思います。

しかもいろんな都市でホームレスの方と接触しますと、元々その方がそれぞれ大きな悲劇を経験したからこそそのような状態になっているので、そのホームレスの状態または御本人の状態だけを見て、それを評価、判断するのではなくて、本当に解決をともに見出す姿勢がより効果的だと思われます。

青山　日本でも彼らが支援を拒むというのは常に問題になるし、論点になります。具体的には大きく分けて二つありまして、一つは生活保護手当を受けるのは嫌だ、人の世話にはなりたくないという理由があります。だからといって、彼らが好きでホームレスをやっているんだという批判は当たりません。むしろ人の世話になりたくないという自立心はいいことであって、だからこそ我々は、彼らのプライドを傷つけないでホームレス状態から抜け出すことを支援しないといけないと思います。だから私たちのグループがやっているホームレス支援は、就業を支援する。つまり仕事につくのを支援するという活動を、民間団体でやっているわけです。

終わりに

――ありがとうございました。

青山　ロザンヌにも感謝しますし、藤原書店の企画にも感謝します。

――ハガティさんには二〇〇八年に後藤新平賞奨励賞を受賞していただきました。その時は青山さんから話をお聞きしていただけでしたが、今回のインタビューで、ハガティさんのすばらしさ、時代をリードしているお仕事が、非常に明快になりました。

つけ加えると私の親友だったイバン・イリイチさんのことを、ハガティさんが非常に尊敬していたということも伺って、何かハガティさん自身が非常に身近に感じられました。本当にありがとうございました。

ハガティさんのお話の中で、新しいコミュニティづくり、コミュニティの自治をやっていくための手助けをしていると言っておられました。私はこれからの社会において、自治的な精神をいかに構築していくかを考えています。鶴見和子さん（一二三頁）の祖父にあたる後藤新平も、いろいろな都市をつくってきた非常にユニークな人物です。そんなことでハガティさんと考えていることは近いなということで、非常にうれしく思っています。

ハガティ　今回皆さんとお近づきになれまして非常にうれしく思いますし、いろいろなものを、いろいろな考え方、いろいろな精神を皆さんと共有しているのではないかと、今回私は思いました。

——長時間にわたってありがとうございました。

II

「社会的包容力」と社会企業の役割

青山 佾

1　貧困問題とホームレス対策

ホームレス対策の考え方

ロザンヌ・ハガティの活動は、ホームレス対策について、一時的なシェルターでなく恒久的な生活の場を提供し抜本的な解決を図ったという意味で、ホームレス対策の一つのモデルを世界に発信したと言っていい。日本でも地域の自治体では、それぞれにホームレス対策を講じているのだが、必ずしも目に見える効果を上げているとは言いがたい。

多くの場合は、一定数を対象に短期間の宿泊場所を確保したり、食料や衣類を配るなどの一時的な対策に終始している。職業紹介も、限定的な効果にとどまっているようだ。

ホームレス状態に至るのはそれなりに原因があってのことである。アルコール依存症、ギャンブル、犯罪、家庭や家族の問題あるいは精神疾患などが代表的なものだ。共通しているのは失業である。以上の結果、住むための家を持たない状態に至ったのがすなわちホームレスだ。

ホームレスが増えたのはバブルが弾けて、失業者が増えてからのことだ。住宅が不足したからではない。

今の日本では、世帯数に比べて住宅数は一割も多い。すなわち約一割が空き家なのだ。一方で空き家があって、一方でホームレスが大勢いるのが今の日本である。

従って、ホームレスに一時的に住むところを提供したからといって、それだけで根本的な解決とはならない。ホームレスに至った原因を取り除くことによって問題は初めて解決する。

公園などでホームレスを集めて定期的に炊き出しをしているグループがある。

私は、炊き出しをする人たちの気持ちは了としたい。現実に空腹の人を放置できないのだ。その気持ちは尊い。しかし、炊き出しで問題が解決するわけではない。いや、誤解を恐れずにはっきり言えば、害もある。その日にそこに行けば食事を得ることができると思うと、その状態に依存するようになりかねないからだ。公園等における寝場所の確保も含めて、「ホームレス生活の継続を保証する行為」がホームレス生活の継続をもたらしているとしたら、炊き出しをしている人たちも本意ではないだろう。

炊き出しをするなと言っているわけではない。私たちの社会がこの問題の根本解決をなしえない今日において、それはやむを得ない、しかもきわめてヒューマンな行為だ。しかし問題は、炊き出しでは問題が解決されないということだ。炊き出しは、ホームレス生活の継続を保証しているだけだということだ。本当に彼らのことを思うならば、彼らがホームレス状態から抜け出すためにはどうしたらよいかを考え、そのための政策を実行しなければならない。

ホームレス問題の根本解決をはかるためにはどうすればいいのか。

まず、宿泊施設では、現状のような三カ月程度の短期ではなく、一年あるいはそれ以上の期間をかけて、本格的に社会復帰の訓練を行なうべきだ。三カ月程度では、それまでのホームレス生活の疲れを癒すのがせいぜいで、とても新たな職に就くためのスキルや勤め続ける生活習慣を身につけるためには不足だからであ

ニューヨーク、ダウンタウンの簡易旅館の個室。日本でも同様の風景を見ることができる。

一年程度のまとまった期間宿泊して職業訓練を受けるような施設は、行政が設置するよりも民間が設置運営したほうがうまくいく。行政は民間の活動を支援する立場でいい。

この場合の民間というのは、必ずしも社会福祉法人や株式会社に限らない。今の日本では、民間市民団体が大きな力をもっている。継続性、資金力、組織力そしてノウハウの蓄積からいって、社会福祉法人や株式会社に劣らぬ実力を備えた市民団体が増えている。これらを活用してホームレス対策に本格的に取り組むべきだ。

その場合、留意すべきは、施設ごとのマネージャーに適任者を得ることである。訓練生に対して深い愛情を抱きながらも、厳しい姿勢を保ち、施設の秩序を維持できる人でなければならない。

ホームレスのほとんどが公園・道路・河川敷で寝ている。いずれも公共の場所だ。公園・道路・河川など税でつくった施設が、本来の機能を果たしていない。このような状態を放置してはならない。法律や条例でホームレス行為を禁止すべきだ。これに対して、ホームレスを禁止するなど人権侵害だと言う人がいる。

しかし、公園や道路に人間を寝かして放置するほうがよほど人権侵害だ。ホームレスを禁止するのは、ホームレス本人に対してだけではない。社会に対しても、そして行政に対してもそれを禁止するのである。

繰り返すが、ホームレスに対して必要なのは、ホームレス生活を続けさせてあげることではない。ホームレス生活にピリオドを打つ手助けをすることである。この問題の本質を見誤ってはならない。

某新聞に、ホームレスに対して歯ブラシを配付する行為を賞賛する記事が載ったことがある。ホームレスの人たちを嫌い、排斥する危険な傾向もあるなかで、歯ブラシを配る気持ちは多としたい。しかし、そこに止まってはいけない。本当にホームレスの人たちのことを思うならば、どうやってホームレスから抜け出すかを考え、その政策を実行することが大切だ。

そのためには、行政も、ホームレス対策を生活保護部門だけに任せたり、公園・道路・河川の管理部門の問題としたりしているだけでは駄目だ。

以上の考え方を私はかつて旧厚生省の検討委員会で強く主張したが、報告書（二〇〇〇年十二月八日「社会的な援護を要する人々に対する社会福祉のあり方に関する検討会」）に、「なお、一部の委員から、この問題についての国の責務、特別就労対策、住宅・医療・福祉等の総合施策の推進、公共施設の不法占有の規制などを盛り込んだ特別立法が必要であるとの意見があった」と書かれただけで終わった。

二〇〇二年の国会において全会一致で成立した法律（ホームレスの自立の支援等に関する特別措置法）にも、残念ながら「ホームレスを解消する」とは規定されていない。しかもこの法律によるホームレスの定義は「都市公園、河川、道路、駅舎その他の施設を故なく起居の場とし、日常生活を営んでいる者」と仮定し、いわゆるネットカフェ難民等は含まれていない。ホームレスをゼロにする強い決意をもつべきだ。アメリカやヨーロッパ諸国に比べるとわが国のホームレスの数はずっと少ない。ゼロにできないわけがない。

現代の貧困問題

ホームレス問題の背景には貧困問題がある。ホームレスはそれが極端な形で顕在化したものである。ホームレス問題を論じることはすなわち現代の貧困問題を語ることである。ロザンヌ・ハガティのプロジェクトの背景には深刻な貧困問題があり、わが国でも他人事とはいえない状況がある。

裕福であっても不幸な人はたくさんいる。これは必ずしも社会が立ち入る問題ではない。また貧困だからといって直ちに社会が関与することにはならない。たとえば現金収入が極端に少ない世帯は統計的には貧困世帯にカウントされるが、自家消費用の畑や漁業など自然の恵みによってある程度補っているケースもある。現代社会の生活もすべてが貨幣経済によって支配されているわけではない。

しかし、貧困であることによってその人の教育、健康、生活に支障が生じているときには、社会が対策に取り組む必要が生じる。

何をもって貧困といっかについては、人によって、また統計によって定義や考え方が違うが、総じて、日本で貧困に喘ぐ人が増えていることは誰しも認めざるを得ない。日本の政治・経済・社会には、一層の貧困対策が求められている。

問題は、その貧困対策の内容だ。貧困対策というと私たちは生活保護の充実を思い浮かべる。しかし、貧困問題の解決とは、そもそも生活保護を必要とする人を減らすことであるということを忘れてはならない。現金給付を中心とした政策だけでは貧困問題は解決できない。

私は二〇年以上前に東京の山谷で福祉センターに勤務したのを契機に、ホームレス対策に市民団体の一員として関わってきた。今でも東京都ホームレス就業支援協議会の会長を務めている。

ホームレスは貧困の極致といえるが、その活動経験に基づく実感からいうと、貧困に至る原因は、人によってさまざまである。

事故、病気、アルコール依存症、ギャンブル、犯罪、家庭や家族の問題などは代表的なものだが、頼るべき親族の不在、会社の倒産や取引先の破綻など不運によるとしか思えない場合も多い。共通しているのは失業など雇用問題である。

原因がある以上、その原因を取り除かないと問題は解決できない。生活保護など現金給付を実施することは応急対策として必要だが、並行して貧困に陥った原因を取り除く対策を講じなければ、本人の生活が向上しないばかりか、その貧困が彼らの次の世代に継承される貧困の再生産という最悪の状態を招いてしまう。

近年、日本において生活保護を受ける人の数は増加し続けている。自治体の職員は、一人で百人くらいの人を受け持っているケースが多い。これでは、貧困から抜け出す道を共に探ることは不可能だ。

貧困に陥った人に対して現金給付によって最低限度の生活を保障するに止まっている限りは、彼らはなかなか、職業に就く機会を得ることができない。これは、社会的に排除しているに等しい。彼らが再び社会の一員として働くことができるよう、住宅、雇用機会、教育、職業訓練の機会を提供する包容力を社会がもつべきだ。このような考え方をソーシャル・インクルージョン（社会的包容力）という。

貧困の原因を取り除く教育・職業訓練・雇用確保等の政策を実行するには、政府は生活保護よりもずっと多額の予算を必要とする。また、これらの仕事には必ずしも行政には馴染まないことも多いので、市民活動の分野においても相当の覚悟が必要だ。

そもそも、派遣労働者の失業問題は、いきなり生活保護で対応するのではなく、まず雇用保険の制度で解決されるシステムになっていなければいけない。市場原理の世界で生じた問題が直ちに生活保護の世界に持ち込まれるのは、社会制度の不備である。

貧困問題に対して、現金給付だけに頼ることなく抜本的に取り組むことが政府にも企業にも、そして社会にも求められている。

私が初めて貧困の恐怖を知ったのは、二十歳くらいのときだった。突然、父の仕事がうまくいかなくなって、学費も生活費も自分でまかなうことになった。文京区にある業界紙の会社の印刷工として就職した。勤務時間は夜間なので、昼間の大学と、なんとか両立するはずだった。

今も昔も、学費を自分で稼ぐ状態は、それだけでは特段の貧困とはいえない。教科書を含めて本を読むのは好きだったから、大学の授業にはあまり出席しなくとも卒業の自信はあった。昭和四十年不況の頃だったが、まだ高度経済成長の余韻があって、どこかもう少しましなところに就職できる希望もあった。そのとき貧困の恐怖を感じたのは自分の将来についてではなく、その会社で働く三〇人ほどの中高年の人たちについてである。

私は腰かけの印刷工だが、本職の人たちは業界の取材をして記事を書き、広告を取り、購読を勧誘する仕事をしていた。今日、成立している業界紙は一般に、いずれも高度情報社会において重要な役割を果たしているが、私が勤務した業界紙のビジネスモデルにはやや無理があって、強引な営業を重ねていることが素人でアウトサイダーの私にもわかった。率直に言って、少し邪悪で少し危険な雰囲気を漂わすことにより、取引先から「これ以上は近づかないでね」と最小限のお付き合いをする相手として扱われている雰囲気だった。当時は、たとえば総会屋というビジネスが成立していたように、経済社会のルールが今のように厳しくなかったのだ。

そのためか、会社内の雰囲気は荒んでいた。一人一人はいい人で、社内の懇親会で聞いた話は人生経験未熟な私にとって、今日でも血肉となっている。しかし資金繰りも苦しいらしく、社長が夜間、社内でウイスキーを飲んで酔ってわめく、などという場面もあった。貧困は「貧しく困窮する」ことだが、貧困の恐怖というのは、「貧しく困窮することを恐れる」ことだ。この会社の人たちは、自分たちのビジネスモデルが早晩、行き詰まることを予感して、貧困の恐怖を抱いていた。それが私にもひしひしと伝わってきた。

この場合、生活保護などセーフティネットを張ればこと足れりと思ってはいけない。彼らはロープから転落すること自体を恐れているのだ。いったん転落するとそこから再びロープに戻れないことを恐れているのだ。トランポリンのように、再び芸をする舞台に戻してあげなければならないのだ。そういう社会をつくらなければいけない。

一九五一年のアメリカ映画『黄昏』(原題は『キャリー』)では、ローレンス・オリビエ扮する一流レストランのフロアマネージャーが若い娘キャリー(ジェニファー・ジョーンズ)と駆け落ちする。男はすでに中年(黄昏)で、元の雇い主から業界に雇うなという回状も出ていて新たな職を見つけることができない。焦る。一方娘のほうは伸び盛りだから、貧乏しようが流産しようがへこたれない。結局二人は別れて、のちにホームレスとなった男と女優として成功した娘が再会する。娘は再び彼との生活を始めようとするが、男は小銭だけもらって闇に消えていく。

この映画が人の心を打つのは、人生の黄昏を迎えた男の焦りだ。共感を呼ぶ。誰しも貧困への恐怖をもっているからだ。政治は、そして社会は、セーフティネットを張ることは大切だが、人々を貧困の恐怖におとしいれないように努めなければいけない。

現代の貧困が問題となるのは、現実に生活に行き詰まった人が多いからではない。貧困の恐怖をもっている人が多いことが問題なのだ。そのことをまちがえないようにしないといけない。教育、職業訓練、雇用の創出と維持、そのための基盤・システムの整備こそ政治・行政・社会の仕事だ。生活保護を手厚くすることも大切だが、本質を見誤ってはならない。ロザンヌ・ハガティらの活動は、一人一人のホームレスの人たちの恒常的な生活基盤を確立することに意を用いた。大量のベッドを置いたシェルターと違って、総合的な生活対策を講じた点が画期的なのである。

貧困と住宅問題

ニューヨーク市のホームレス問題が深刻化し、ロザンヌ・ハガティらのプロジェクトが必要になったのはニューヨークの住宅政策がうまく機能しなかったからである。一九八〇年代、レーガン大統領時代の市場原理主義により、公営住宅を市場化する政策（NPM、ニュー・パブリック・マネジメント）が進められた。その柱は、サブプライム・ローン（低所得者に対する住宅ローンを推進する）、住宅バウチャー（公営住宅を廃止して低所得者が大家さんに家賃を支払うための金券を支給する）、アフォーダブル・ハウジング（都市計画で民間が安価で手頃な住宅を供給することを奨励する）の三つである。

この頃、一九七〇年代から八〇年代にかけて、ニューヨークでは約八〇万戸の住宅が減少した。ブロンクスやハーレム等では保険金目当ての放火で焼けた住宅や放棄された住宅が多くなり、悲惨な状況となった。一方で、一九九〇年代になると移民を中心に人口は増え続けた。しかし住宅建設は伸びなかった。当然、住宅不足が問題となる。二〇〇〇年以降になってようやく住宅建設が増え始めた。

私は二〇〇五年三月に、マンハッタンのミッドタウンを中心に、二〇〇四年中に完成したビル及びその後に建設中のビルを調べて歩いたことがある。当時、超高層ビルの建設は活発に行なわれていたが、それらのうちのかなりのビルが住宅を組み込んでいた。特に、セントラルパークの西南端に立つタイムワーナー・センター、そして東南端に立つブルームバーグ本社が共に床面積の半分以上を住宅としているのが印象的だった。ニューヨークの都心居住はますます進んでいる。

しかし、これら都心のビルは価格が一戸あたり最低でも一億五千万円から二億円程度はする。高級住宅は増えても、一般の人が住むことができる住宅は増えているのだろうか。

この疑問にショーン・ドノヴァン・ニューヨーク市住宅局長（当時）はこう答えた。

「まず、住宅の戸数を増やすことが必要だ。第一には、使われていない土地を整備するなどして住宅建設用の敷地を確保すること、第二に、従来は工場や倉庫だったが今は使われていなかったり放棄された住宅をリフォームしたりして人が住めるようにすること、第三に、これらの事業のために連邦政府の補助金を用意することです。これらの政策を実施した結果、たとえばハドソン・ヤードでは一四万戸の住宅を提供することができたのです」

それらはいずれも公営住宅ではなくすべて民間住宅である。かつて、ニューヨーク市は、約一六万戸の公営住宅を持っていたが、ほとんどを民間の企業や市民団体に引き取ってもらったのである。

では、低所得者はバウチャーを利用しているのか。

「ニューヨーク市では月に約一一万枚発行されている。うち、約九万枚は住宅公社が管理し、約二万枚は市が管理している。全米では約二〇〇万枚発行され、約一七〇億ドルの経費が支出されているが、うち約五億ドルが不正使用だということがわかって、ワシントンで問題になっている。もともとは、公営住宅は低所得者だけが集中して住むことになり問題が多いので、これをやめるためにつくった制度だ。ニューヨーク市は、住宅バウチャーより、民間が一般の住宅をつくるときにアフォーダブル（安価で手ごろな）住宅を一定程度組み込むための政策に力を入れている」

この発言は核心を衝いている。

およそ福祉の原則は、現金（金券を含む）ではなく、その人に欠けているものやサービスを現物給付することだ。私が福祉に従事したときの現場体験から言えば、現金給付は弊害が大きい。目的外使用が容易だからだ。日本でいま、バウチャー制度の導入を提案する人がいるが、慎重に対応すべきだ。そもそも日本では、バブルのときに家賃補助制度というバウチャー制度をつくって失敗した。国も自治体も家主も未だにその制度を整理できずに苦しんでいることを忘れてはならない。

さて、アフォーダブルな住宅をどうやって増やしていくのか。

「第一に税の減免。第二に低金利の融資。第三に補助金。これらの制度を適用するべき地域は、あらかじめゾーニングによって指定している。これをインクルージョナリー・ゾーニングまたはアフォーダブル・ゾーニングと言っている。アフォーダブルの適用を受けた場合は、低所得者が住人の七五％を占めるようにしなければならない。低所得者と言ってもこの場合の低所得者は、市全体の平均年収の八〇％だから、ニューヨークの場合年収五万ドル以下と、かなり範囲が広い。容積率（敷地面積に対する延床面積率）は地域ごとに指定しているが、最大で一五〇〇％。建設後、アフォーダブル家賃をやめた場合は低金利融資等を返してもらう」

ブルームバーグ市長の新しい住宅計画は、「第一に、従来は工業地区としてゾーニングされていた地域を住宅地区に変更し、市の二〇％から二五％をアフォーダブル・ゾーニングする。購入価格一億円台のマンションとアフォーダブル住宅とが混在している状態を目指す。第二に、これらの住宅の一部を公社が買い取って高齢者に賃貸する。高齢者も住めるコミュニティづくりを進める。第三に、ロックフェラー財団やフォード財団などの大きな財団、そしてウォール街の専門家の色々な手法を活用して住宅建設の資金確保をはかる。その資金を利用することによって市民活動団体の住宅建設への取り組みを増進する。市も一億三千万ドルの基金をつくって政府機関等から土地を引き取って住宅建設のために提供する」となっている。

インクルージョナリー・ゾーニングないしはアフォーダブル・ゾーニングによって、住宅政策の面からソーシャル・インクルージョンを高めていこうとする政策であるが、もう一つの特徴は、民間市民団体の活用である。公的部門、民間企業部門に加えて、市民団体がまちづくり面において相当の力をもっているからできることである。そして市民団体が住宅政策の実施部門としてウェイトを増していくことは、単にインフラをつくっていく住宅政策から、コミュニティづくりに取り組んでいく住宅政策への転換を意味していると思った。

ニューヨーク市の住宅事情は、他の一般的なアメリカの都市のそれとは大きく異なっている。第一に、住む人の構成が多様だ。三五%がヒスパニック系白人だ。近年はインド、パキスタンなど南アジアや中南米の人たちが増えている。第二に、アメリカ全体では一般に一戸建てが主流だが、ニューヨークではほとんどが集合住宅だ。第三に、アメリカ全体では三分の二が持ち家だが、ニューヨークでは逆に三分の二が賃貸である。

だから、当然、ニューヨークではアメリカ一般の住宅政策とは異なった政策が必要となるのだが、かつてはニューヨーク独自の住宅政策は実施されることはなかった。そして、ニューヨーク市の住宅事情は「ひどい」状況になった。

一九五〇年から八〇年にかけて、ニューヨーク市では製造業の雇用が五〇万人減少した。その結果、一九七〇年から八〇年にかけてニューヨーク市の人口は八〇万人減少した。このとき、住居は三二万戸減少している。特にハーレム、ブロンクス、ブルックリンで減少している。

それに対して、もともと第二次大戦後の連邦政府の政策は、地方や郊外の道路整備を優先する、大都市に対して差別的な政策をとっていた。

この点は、日本も同様だ。日本の場合は、日本を占領した連合国軍総司令官マッカーサー元帥が、日本に再び戦争を遂行する能力をつけさせないため、首都東京に対する投資を極端に抑制した時期があった。

しかし、ニューヨーク市の住宅問題が深刻化し、連邦政府も放置することができなくなった。加えて、ニューヨーク市等大都市の人たちのロビー活動の成果もあって、ニューヨーク市における住宅政策が実施されるようになった。その代表的な政策がエンパワーメント・ゾーン（EZ）だ。この政策の特徴は、雇用機会を増やす事業にたいして税の減免を行ない、単に住宅を増やすだけではなく、地域全体を活性化することである。

私は一九九二年頃にニューヨーク市で、ハーレム開発公社が廃墟となったハーレムの住宅を再生する事業を調べたことがあるが、あの事業の効果はどうだったか。ドノヴァン氏に聞くと、

「ハーレム開発公社はニューヨーク市ではなく、ニューヨーク州政府がつくった。お金をかけたわりには効果がなかった。地域に雇用機会をつくるわけではないから。それで、パタキ州知事（当時）が解散させた。これに対してEZの制度は、雇用機会を増やすことに加え、地域に住む人々を裕福にする。たとえばハーレムのEZの場合、リフォームして人が住めるようにする工事は市が実施するが、それを住民が数軒まとめて買い取り、一軒に自分が住み、あとの数軒を賃貸して家賃収入を得る、といった形だ」

ニューヨーク市を対象とする住宅政策の転換がはかられたことは理解したが、問題は解決したのか。ジェリリン・ペリン・ニューヨーク市前住宅局長に聞いてみた。

「従来のプログラムは、一九七〇年代から八〇年代の問題を解決しようとするものにすぎない。住宅の数を増やす問題には取り組んできたが、家の広さとか家賃の問題は解決されていない。そういう意味では今でもニューヨーク市は住宅難だ。どのニューヨーカーも口をそろえて、面積に比べて家賃が高いと嘆く。精神科医は、患者はもっといい住まいを見つけた夢ばかり見ていると報告している。これから必要な政策は、未利用地を住宅地として指定すること、そして民間事業者が住宅建設を行なうための新たな仕組みをつくることだ。たとえば、ブルックリンのビール工場跡地には、四〇〇戸のアフォーダブル住宅をつくった。うち一四〇戸が低所得者用、一〇〇戸が中の下、一六〇戸がかなり高い層を対象としている。これは市が土地を整備して、地元の市民団体が選定した開発業者に売った」

そういう住宅の場合、バウチャーは利用できるのか。

「もともとバウチャーは、ニクソン大統領時代に連邦政府が住宅建設に金を出すのをやめて始めた連邦政府の政策であり、この場合の住宅政策は市が実施したものだから、バウチャーを利用することもできる。ニューヨーク市の借家人の三割が収入の半分以上を家賃として取られている現状だから、これはやむを得ない。現状では、バウチャーは、低所得者が一定地域に集中するのを避けるために有効だ。しかし、連邦政府がバウチャーを発行しているからといって、ニューヨーク市が住宅建設のための事業をやめることはできない。なお、連邦政府は、バウチャーとは別に、Low-income Housing Tax Credit（ＬＩＨＴＣ）という制度をもっていて、地域の平均年収の六〇％すなわちニューヨーク市なら年収四万二〇〇〇ドル以下の人でも払える家賃の住宅をつくったときは、その不動産業者が減税される」

ジェリリン・ペリン氏は、一九七五年に大学を出て、「ニューヨーク市のひどい状況のなかで、コミュニティを再建したい」と考えてニューヨーク市の都市計画局に入り、二六年勤務して数年前に退職した。彼女の発言には、よきにつけ悪きにつけ、実際にニューヨーク市の住宅行政を担ってきた重みがある。特に、住宅難が深刻化するなかで、連邦政府も大都市に対する差別的な政策を修正せざるを得なくなったという表現は、ニューヨークの問題を象徴している。

連邦政府の大都市問題を重視しない政策の中で、ニューヨークにとってロザンヌ・ハガティのプロジェクトがいかに貴重だったかということがよくわかる。

貧困と経済・雇用問題

ニューヨーク市には経済開発公社があって、観光開発を促進している。それも、単なる観光だけでなく、国際的な会議やイベントだ。ホテルやレストランの仕事を増やす。すなわち雇用の場の創出と住宅、教育政策を総合的に行なっていく経済開発を計画している。

ニューヨーク市経済開発公社のアンドリュー・アルパー理事長に面会を申し入れた。午前八時でどうかと言われた。開発公社の出勤時間はそんなに早いのかなあと半信半疑で訪ねると、その時間、その職場でアルパー氏とその秘書だけは出勤して仕事をしていた。

私が、現在のニューヨーク市におけるソーシャル・インクルージョンについて議論したいと言うと、アルパー氏はすぐに反応した。

「ソーシャル・インクルージョンという点で最も進んでいるのはニューヨーク市だ。四〇〇年以上前にオランダ人が移民してきて以来、ここはずっと移民のまちだ。いま、八二〇万人の人口だが、うち四〇%が異国生まれだ。二世まで含めると六五%だ。ニューヨーク市の定義にソーシャル・インクルージョンがあり、ソーシャル・インクルージョンの定義にニューヨーク市があると言ってよい。しかも、今でも、五年か一〇年ごとに移民の出身国が変わっていく。プエルトリコ、ドミニカ、ハイチが多かった時代から、南アメリカが多い時期、東ヨーロッパが多い時期、ユダヤ系が多かったとき、いろいろだ。次々と移民の波がニューヨーク市に押し寄せる。そして年に一〇万人がニューヨーク市に住みつく」

これはニューヨーク市にとって負担ではないのか。

「もちろん負担だ。だが、ネガティブをポジティブに変えていけばいい。実際、移民こそニューヨーク市の強みだ。自分と自分の家族のために夢をもつ、野心に燃える。そういう人がニューヨーク市に来る。問題は、野心はあっても技能なし、教育不十分、財産なし、ということだ」

移民がニューヨークで生活を始めるための出発点が、一七〇を超える言語に対応できるニューヨーク市311コールセンターである。このコールセンターは、市民が市当局に対して何かを問い合わせたいときに、まず311とダイヤルすればここで答えられることは答え、そうでないことについては担当部門に回すという仕事をしている。およそ犯罪とか火事、救急など緊急事態（これらは911が対応する）以外のあらゆる問題に対応するという考え方である。生活苦の問題から駐車違反の苦情、家屋の改築問題、ボランティア先の紹介まで、何にでも対応する。

このコールセンターの最大の意義を、責任者の一人であるサラ・ナップ氏はこう言う。

「以前は、市民が、どこが担当であるかを探した。今は311が担当を探す」

そもそも設置の理由は。

「二四時間都市の二四時間サービスです。市民からサービスへのアクセスを容易にするため、そしてサービスの標準化、さらには緊急事態ではない電話による911の負担を軽減すること」

効果はあったのか。

「当初、二〇〇三年三月にオープンしたときは、年間三〇〇万件くらいを見込んだ。しかし一年目に六五〇万件、二年目に一一五〇万件、そして今ではひと月に一二七万件という状況だ。一週間で三五万件、一日四万五千件。一日一〇万件を超える日もある。ニューヨーク市では暖房や温水も市が提供しているから、寒波が襲来すると苦情が殺到する」

市民の間に一気に普及したわけですね。

「その問題は311にかけるべきだね、という会話がニューヨーク市民の間に予想以上に普及した。今、このコールセンターには二〇〇人の職員がいて交代勤務をしている。お金はかかるが、各部門の職員にとっては、311があるおかげで本来の職務に専念できるから能率が上がっているはずだ」

移民からの問い合わせが多いのではないか。

「一七〇を超える言語に対応できる。全員がコールセンターに待機しているわけではない。契約している人を携帯電話で呼び出す。電話で通訳する人が間に入るという形で対応する」

この職場のレイアウトは東京のブルームバーグ社のそれと似ている。そう言うと「市長の発案です。働きやすいですよ」とナップ氏は笑った。

これらのサービスの根底にあるのは、企業がニューヨーク市に立地するのは、ニューヨークに豊富な労働力があるからだという考え方である。

ニューヨーク市副市長スタッフ長兼経済開発部局長（二〇〇五年当時）のジョシュア・サイアフマン氏はかつて、ウォール街で、先に私が面会した現ニューヨーク市経済開発公社のアンドリュー・アルパー理事長の部下だった。その後、一人はニューヨーク市において協力しながら経済発展の仕事に取り組んでいる。

サイアフマン氏は、ニューヨーク市にとって最も大切な政策について、「治安と教育が経済発展にとっても柱となる。第一により住みやすいまち、第二に経済の多様化、第三にビジネス環境の改善が目標だ。これらを、移民が多いというニューヨーク市の長所を生かしていく方向で実現していく。企業がニューヨーク市に立地するのは、労働力が多いからでもある」と言う。

この場合の経済の多様化については、「従来のニューヨーク市では、金融経済が主流だった。これからは、生命科学、医療、製薬、ヘルスケアなど、今までなかった分野の業種もニューヨーク市に立地するよう働きかけていきたい」と言う。

ハーレムが改善された過程を見ていると、ニューヨークの経済が好調を維持したことが大きい。貧困対策は決して生活保護を充実することではなく、雇用の前提となる経済の好転が求められる。ロザンヌのプロジェクトの成否の鍵も、ニューヨーク経済の好調が維持されるかどうかにかなり負っているという側面もあるだろう。

貧困と教育

ロザンヌとの対話の中で貧困と教育の問題も話題になった。ロザンヌの事業がうまく行ったとしても、ニューヨークの教育がうまくいっていないと問題が再生産される。

この問題を考えるため、ニューヨークのハーレムの真ん中にある、〈シスルウォーカー・チャータースクール〉という小学校の例を紹介したい。アメリカのチャータースクールは、州によって制度が違うが、基本的には校長や理事会が自主的に運営し、大部分の経費を州がまかなう。一一五丁目のビルを借りて一九九九年につくられたこの学校は、施設は狭いが、各学年に二クラスずつをもつ小学校だ。

校門などなくて、通りに面したビルの玄関が学校の入り口になっている。校庭らしい空間はない。入り口

ハーレムにある〈シスルウォーカー・チャータースクール〉の入口（上）、その授業風景（下）

には屈強なガードマンがいて、出入りをチェックしている。私は約束の時間より三〇分ほど前に着いたので学校の入り口だけ確認して、あたりを一回りして来ようと思っていたら、ガードマンから「どなたですか」と聞かれた。こういう次第だと言ったら、真剣な表情で「早くてもいいから入って待っていたらどうか」と勧められた。たしかに、あたりをぶらぶらするような土地柄ではないのだ。

この学校ではひとクラスがそれぞれ二〇人余の生徒から成り立っていて、担任と補助教員の二人で各クラスを受け持っている。生徒のほとんどが黒人で、西アフリカ系移民の子女が多い。教員の人種はさまざまである。

この学校ができた頃にはハーレムにチャータースクールは四校あったが、今はこの学校だけになった。チャータースクールは教育目標が達成できないと、すなわち教育の成果が上がらないと解散になる。この学校は「読み書き」に力を入れるほか、州が実施するテストで数学、科学において好成績を上げており、中学校への進学率も高い。

校長先生はジョーンズさんという中年の女性で、すべての教室を案内してくれた。ある教室で活気がないと感じると、「この先生にはあとで注意します」と厳しい表情で言っていた。

この小学校では、「責任」を重点的に教える方針で、子供たちが着ている赤いシャツの背には、白抜きで「私たちは責任をもちます」とプリントされている。私が訪問した日、四年生のクラスでは、「責任」を教えていた。小学校だから、責任論といっても難しい理論ではなく「人の話を聞く」「時間を守る」など、わかりやすい話だった。

日本の辞書には責任とは「他人に対する務めを引き受けること」などと書いてある。自助・共助・公助というのは、まず自分で努力する、それでだめなときは人々が互いに助け合う、それでもうまくいかない場合に初めて行政が手を差し伸べるという考え方だから、責任というのは、自助・共助・公助のうち真ん中の共助を意味することになる。

先述のＮＰＭ（ニュー・パブリック・マネジメント）という考え方は、市場原理を基本とするから自助が原則だが、市民や社会の責任を重視する考え方は、協治（ガバナンス）という考え方と一致する。協治（ガバナンス）という考え方は、統治（ガバメント）すなわち「上（政府）が下（市民）を支配する」というタテ構造の考え方を否定し、政府と市民がヨコ構造で協力して地域を運営していこうと考える。

市民に責任を要求すると、「それはちょっときつい」「今まで行政がやってくれていたことをやってくれなくなるのか」といった反応をする市民も多い。このような反応が見られる原因は、おそらく、責任という言葉は「自己責任」という言葉を連想させるからだろう。しかし、責任とは本来、「他人に対する務めを引き受けること」だから、自己責任とは結びつかない。私たちは、責任という言葉を避けないで、正面から向き合うべきだ。

責任を教えるハーレムの小学校では、昼だけでなく朝も給食を実施している。生徒やその親に対して朝ご飯を食べてきなさいと指導しても、親の不規則勤務や病気その他の事情、あるいは一人親家庭であるなどさまざまな理由によって、朝食を家でとることができない場合が多いからだ。子供たちは学校で朝食をとって、朝八時から午後四時まで授業を受ける。日本の小学校より学校にいる時間は長い。

日本で朝の給食を実施すべきかどうかについては異論もあろう。平成二十年度全国学力・学習状況調査（全国の公立学校が対象）によると、小学校では、朝食を「毎日食べている（含・どちらかといえば）」児童が九五・四％、「食べていない（含・どちらかといえば）」児童が四・五％である。中学校では、朝食を「毎日食べている（含・どちらかといえば）」生徒が九一・九％、「食べていない（含・どちらかといえば）」生徒

〈シスルウォーカー・チャータースクール〉の時間割

が八・一%となっている。この「食べていない」児童・生徒の数を多いと思うか少ないと受け取るかも人によって違う。

二〇〇六年に改正された教育基本法は「父母その他の保護者は、子の教育について第一義的責任を有するものであって――」と定めた。介護保険制度は、家族介護を公的介護に転換したのだが、教育の世界は家庭教育第一主義という逆の方向に行ったのである。これについても賛否両論がある。

日本では食材費を払う能力があるのにきちんと支払わない親がいて、これも問題だ。どの部分を公費で負担するかについては大いに議論が必要だが、日本の市民と社会がもっと教育に力を入れなければならないことは確かだと思う。ハーレムのチャータースクールでは、毎日午前八時から午後四時まで授業を行なっているのである。家庭教育を十分に担うことができない親が一定程度存在する以上、その部分を社会が補わないと、貧困の再生産という結果を招きかねない。

なお二〇〇五年のハリケーンによる被害を受けたニューオーリンズでは、被災前の黒人市民の四七%が読み書きできなかったというショッキングな事実があったが、似たような状況はハーレムにも存在する。

高等教育を受ける機会が平等に与えられ、そしてアメリカ社会が人種や出自にこだわらない、社会的包容力（ソーシャル・インクルージョン）を身につけて、初めて問題が解決するのだと思う。

2　成熟社会における市民活動と社会企業

市場経済と行政そして市民活動

ロザンヌ・ハガティの〈コモン・グラウンド・コミュニティ〉や〈コミュニティ・ソリューションズ〉は、多額の資金を集め運用して、専業の職員を大勢雇用して公益目的のために継続的に活動する。このような組織を近年、社会企業と呼ぶようになった。

市民活動ではあるが、いわゆるボランティア活動ではなく、そこで賃金を得て生活する人を雇用して、経済社会の中で活動する、しかし株式会社とは明らかに違って、出資者に対して利益の分配はしない。

このような社会企業が発展してきた背景を考えてみよう。

人間社会における様々な活動は、大きく分けて市場経済、行政、市民活動の三つの分野で成り立っている。これらのうち、日本では、市場経済と行政の二つの分野はそれなりに大きなウェイトを占めているが、市民活動はまだまだ発展途上である。

現代世界の社会活動は、市場原理を基本に行なわれている。投資家が資本を拠出し、それを資金として会

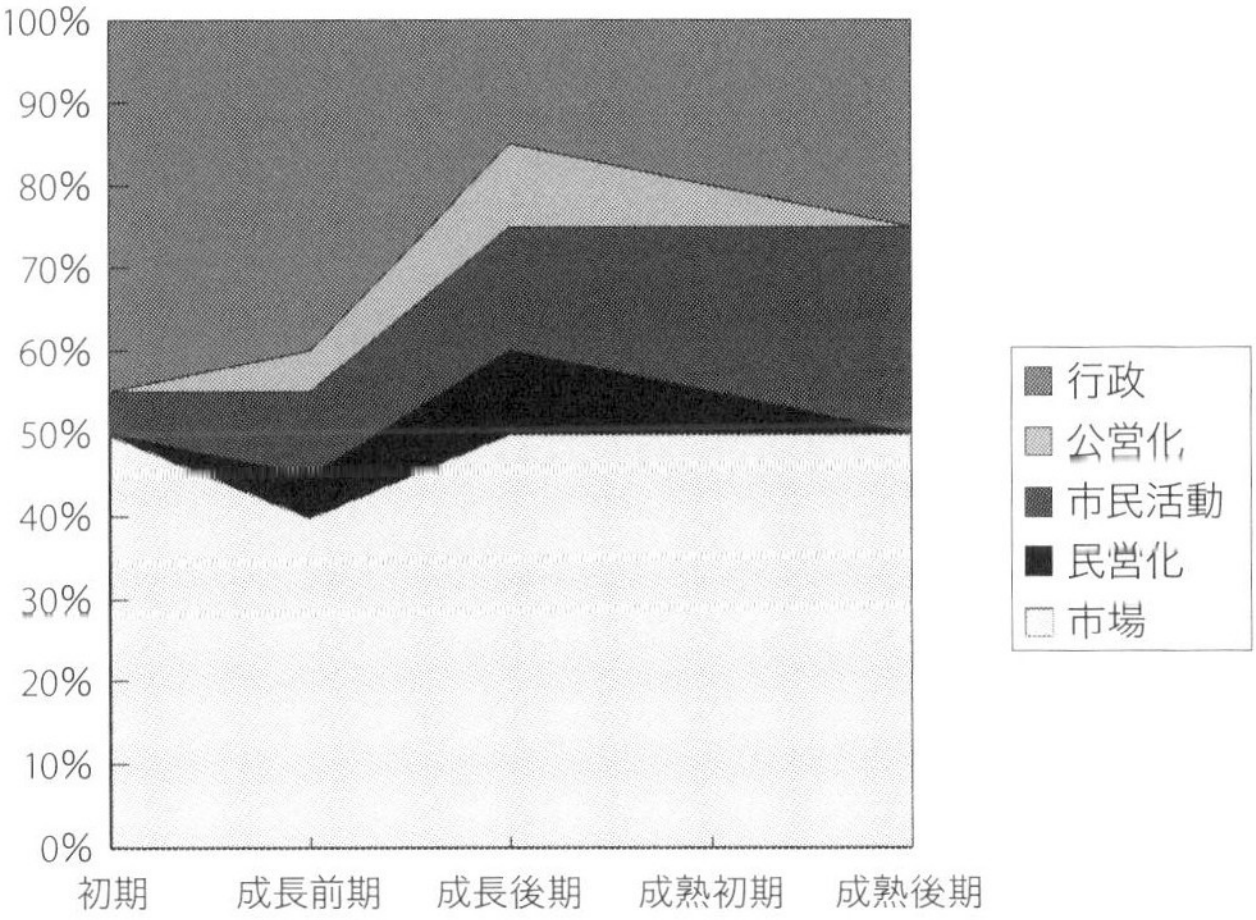

社が事業を実施し、利益を投資家に配当する。株式会社というシステムにはいろいろ問題はあるが、しかし、このシステムによって多額な研究開発投資や大規模生産が可能になって、人々の消費生活は豊かになった。いまのところ、人間社会は、この株式会社にとって代わる優れたシステムを発見し得ていない。

一方で、この市場原理が通用しない分野が存在する。代表的なものは、軍事、外交など国家の専権事項である。また、福祉政策をはじめ、社会保障、社会福祉そして道路・上下水道など社会資本の整備は、国と自治体など行政をはじめ関係機関が税もしくは社会保険財源を基本的な財源として行なわれる。

さらに、市場原理にもよらず税による行政でもない第三の分野が存在する。わが国では協同組合や社会福祉法人が代表的なものであり、利益を追求することはなく社会的な目的のために活動するが、しかし市場原理が支配する市場社会のなかで活動する。税による補助や優遇措置を受けることもあるが、行政とは異なる規律によって活動する。そこでこれらを市場や行政と区別するため社会企業（あるいは社会的企業）

と呼ぶ。

市場でも行政でもない分野には、ＮＧＯ・ＮＰＯ、町会・自治会、各種ボランティア団体などいろいろなものがあり、共通するのは会社でも役所でもない市民活動団体であるということだ。広い意味では組織の性質上、協同組合や社会福祉法人も市民活動団体と考えることができる。

図示したように、理論的には、欧・米・日を通じて、経済・社会が成熟段階に達した国では、市場・行政に対して第三の分野である市民活動が徐々に伸長・拡大していくと考えることができる。高度経済成長段階にある工業化社会に比べ、高度情報化社会では人々の価値観が多様化していくので、市場原理や行政では対応できないことが増えていくからである。

税によって行なわれる行政でもない、市場原理によって行なわれる企業でもない、市民セクターとか社会企業とか言われる分野が、これからの社会でいっそう重要性を増していく、いかなければならないという考え方が現代の大勢であるといっていいだろう。

市民セクターや社会企業は、まちづくりや福祉、環境など社会のあらゆる分野にわたって公共のために活動する。個々のメンバーはボランタリーに参加するが、しかし組織全体としては一定の資金力をもち、安定・継続していて、社会がその活動をあてにすることができる。その活動に専従するスタッフは、その組織によって一定の収入を得て生活を維持することができる。

市民活動、行政、市場原理の各分野は、互いに伸縮を繰り返しながら発展していくが、社会が成熟するに従って市民活動のシェアが徐々に拡大していくためには、税制や法制、人々の意識などさまざまな社会的条件が整備されていく必要がある。そしてこれら条件整備のスピードを早めるための政策的制度的努力が大切である。

日本では、従来から存在している生活協同組合、社会福祉法人など社会企業、あるいは町会・自治会、団地やマンションの管理組合なども重要な位置を占めている。もちろん新しいNPO・NGO団体の発展もめざましいが、従来型の社会企業も、さらに進化していかなければならない。

災害からの復興に限ってみても、行政には適していないことも多い。たとえば三宅島の火山活動による二〇〇〇年から四年半にわたる全島避難の際、避難島民の住居を提供したのは行政だが、島民の生活を見守り、きめ細かくコミュニケーションをはかったのは、地域コミュニティであり市民活動だ。もしこれを行政だけで対応したとしたら、とてもあれだけの柔軟かつ濃密なお世話はできなかっただろう——というのが当時、東京都の副知事として現地災害対策本部長だった私の実感だ。

目を転じて、今日の日本において喫緊の課題となっている福祉、教育、防犯、防災、環境、まちづくりなどさまざまな場面において、地域における市民活動が十分に力を発揮できるだけの制度や仕組みが十分に整備され、人々の機運が盛り上がっているか、そして多様な人々が地域の市民活動に参加しているかというと、まだまだ不十分である。

特に問題なのは、市民活動の財政力だ。意欲はあっても、財政基盤がしっかりしていなければ継続的な活動もできないし、いい人も集まらない。単発的なボランティア活動は別として、具体的な活動を続けるために財政力は重要な意味をもつ。

その点において、ロザンヌ・ハガティがたった一人でホームレスのための住まいを提供する組織を立ち上げて、大勢のスタッフを擁する大きな組織に成長させた〈コモン・グラウンド〉の事例は、財政力をもった市民活動組織の一つのモデルといえるだろう。

これを参考にしつつ、米国型の市場原理主義（小さな政府）でも北欧型の高福祉高負担（大きな政府）でもなく、地域の市民活動を活用するやり方こそ日本の社会が選択すべき道だ。ソーシャル・キャピタルが大いに論じられるべきだと考える所以である。

地域の市民活動と財政力

二十一世紀に入ってしばらくの間、わが国は、小さな政府を目指してさまざまな構造改革を実施してきた。しかし今、経済、雇用、福祉など諸分野で公共部門からの介入や支援が必要とされている。だからといって大きな政府に戻ればうまくいくかというと、そういうわけにはいかない。行政が自ら、いろいろな事業を直接実施するとどうしても官僚的になり、非効率で硬直的になりがちであることは過去の経験から国民は皆、知っている。

そこで、これからの日本において社会の重要な一翼を担う主体として期待されるのが地域コミュニティの市民活動である。

福祉、環境、まちづくり、治安、防災など各方面において、市民生活を支え豊かにするためには地域コミュニティ単位でその地域の特性に見合った対策が必要だが、それをすべて行政が税によって担うことはできないし適当ではない。他方で、民間の利益追求を目的とする株式会社的な組織に委ねると、経済的弱者が置き去りにされる可能性が強い。

そこで、行政とは違って柔軟に事業を実施し、株式会社とも違って出資者のために利益を上げる必要がない中間的な組織が考え出された。

株式会社のように効率的な事業執行を行なうが、それによって利益が生じても出資者に分配しないで事業の充実・サービスの向上のために使う。活動の目的はあくまでも福祉、環境、まちづくり、治安、防災など公益目的である。運営も経理もオープンで民主的である、そういう市民活動の組織を社会企業という。NPO（ノン・プロフィット・オーガニゼーションすなわち非営利組織）、ソーシャル・エンタープライズなどと言われるのがそれである。日本ではもともと町会・自治会・団地管理組合などの組織がけっこう盛んなので、地域コミュニティの市民活動が社会企業として発展していく土壌は十分にある。

問題は、そういう社会企業の財政力をどうやってつけるかである。情熱だけでは活動が長続きしない。社会企業という以上は、そこに勤務する人が安心して働けるような財政を確立することが大切だ。

東日本大震災のあと、〈東京災害ボランティアネットワーク〉が宮城県登米市に拠点を開設するにあたっては、ニューヨークの〈ジャパン・ソサエティー〉が資金支援を行なった。〈東京災害ボランティアネットワーク〉は従来から、二〇〇五年ハリケーン災害で被害を受けたニューオーリンズの市民活動リーダーたちと三宅島の人々との交流プロジェクトに参加している。その縁もあって〈ジャパン・ソサエティー〉が今回の活動を支援している。地域に拠点をおく市民活動は、実は地域にとどまらずグローバルな活動でもある。

アメリカでは、市民活動が社会において既にかなりのウェイトを占めている。巨富を得た人は財団をつくり、寄付をするのが通例である。そのための税制も完備している。企業も、CSR（企業の社会的責任）の概念が確立していて、市民活動に寄付その他の協力をする。

アメリカにはCSRの延長線上にCRA（Community Reinvestment Act、地域再投資法）という法律がある。低所得者が多く居住する地域、あるいは黒人に対しては銀行が金融を渋るという弊害が顕在化したため、一九七七年にこの法律が制定され、金融機関は地域の低所得者や中小企業に積極的に投資すべきことが定められた。

当初は金融面における差別解消が主目的だったが、一九九五年の改正で、地域投資や中小企業金融等、金融機関の地域貢献度をはかる側面が強化された。いわゆるコミュニティ・バンキングという考え方である。従わないからといって罰則はないが、金融機関の合併・買収・支店の増設等の場合、地域再投資面における貢献度が具体的に数値評価された形で公表されるというプレッシャーがある。日本の銀行もアメリカで事業活動する場合はこの法律に従ってコミュニティ・バンキングに力を入れていて、ロザンヌ・ハガティの〈コモン・グラウンド〉でも、日本の銀行からの金融支援は大きなウェイトを占めている。

それが理想的な仕組みであるかというと、必ずしもそうではない面もある。ロザンヌ・ハガティの話にもあったように、〈コモン・グラウンド〉の財政を見ていると、不況期には寄付が減少して活動に支障を来しかねない場合もある。

また、ニューオーリンズのハリケーン被害からの復興プロジェクトを見ると、市民活動団体の側は、各財団から寄付を受けられるか否かによって活動の成否が左右される傾向がある。どのプロジェクトが重要であるかを、私的な財団の理事会が決定することになってしまう。アメリカのように市場経済が勝ちすぎて行政が小さな政府に過ぎると、市民活動が多少盛んであってもうまくいかないということになりかねない。

たとえば日本では、災害からの復興は自治体が中心になって担う。自治体は首長が市民による直接選挙であるほか、議会も住民からの直接選挙によって構成されるから、復興プロセス全体に住民の意思が反映される仕組みが一応は成立している。この点は日本の仕組みのほうが優れているようにみえる。

問題は、今の日本で市場経済、行政、市民活動の三つの分野のバランスがとれているかということだ。市民活動の力がもっと強くなったほうがいいということは確かである。そのためには行政の補助金などは一定程度にとどめ、寄付税制を充実して寄付金を集めやすくすることが必要だ。現在のいわゆるＮＰＯ法は無償のボランティア活動をイメージしているように見えるが、収益活動を行なって自らの公益活動の財政基盤を確保する「社会企業法」ともいうべき法整備を行なうことも必要だ。

寄付税制については、ふるさと納税のときも、東日本大震災のときも、かなり抜本的な改革が行なわれ、今日、寄付税制についてはわが国も国際標準に近づいたといえるだろう。規制緩和や民営化の推進にいろいろ問題点があったからといって大きな政府に戻るのではなく、地域コミュニティの市民活動の財政力を強化する方向に日本の社会が動くといいと思う。

地域のガバナンスと第三の分権化、第四セクターの時代

市場化と公共関与という問題の立て方がある。一九八〇年代以降、アメリカではレーガノミクス、イギリスではサッチャリズムにより、市場原理を主軸とするニュー・パブリック・マネジメント（新しい行政経営）が政治や行政の世界を席巻した。

市場原理は、現代の経済・社会を貫く優れた考え方であり効率的かつ有用な仕組みだが、時に暴走し、時に機能しない場合がある。そこで、市場原理を旨としつつも、その市場に対して、公共がどう関与していくか、という問題の立て方を市場化と公共関与という。

この場合に市場に対して関与する公共部門には、政府、自治体、市民活動など多様な主体がある。市民活動は、市場を監視するだけではなく、市場におけるその存在自体が市場の暴走に対する抑止力となる。生活協同組合が、市場におけるシェアはそれほど大きくなくとも、それが市場の中で活動しているだけでも市場に対する牽制効果をもつのはその一例である。

市場原理を旨とするニュー・パブリック・マネジメントの考え方は、従来行政が行なってきた仕事について民間に委ねることを推進してきた。この場合に重要な問題は、市民活動をどう活用していくかということ

だ。

地方自治法改正による指定管理者制度の導入（二〇〇三年）は、自治体の行政改革を従来のレベルからもう一歩進める契機となった。しかし、基礎自治体レベルでは、長い年月をかけて地域の施設や事業を市民活動に委ねてきて、しかもそういう事業を担う市民団体が地元で育ってきたのに、指定管理者制度の導入によって他地域の民間事業者に仕事をとられてしまうという問題も生じた。

これは、指定管理者制度の導入に問題があったというより、日本の地域における市民活動がまだ十分な力をつけていないという問題が顕在化したとみることもできる。

福祉の世界で自治体を中心に「第三の分権」の必要性が主張され始めてから既に久しい。

第一の分権が国から都道府県への分権、第二の分権が都道府県から基礎自治体たる区市町村への分権であるが、これに対して第三の分権は、区市町村から地域への分権だ。

たとえば、高齢者福祉の分野において、特別養護老人ホームや療養型介護病棟、老人保険介護施設などは、ある程度広域的なバランスを考慮して整備すべきだが、ホームヘルプ、訪問医療、訪問看護、在宅サービスセンターなど在宅者に対するサービス網の整備は地域単位で行なわれ、サービスの提供も地域単位で行なわれる。

そこでは、地域の特性に見合ったサービスが創出され実施されるべきだ。これが第三の分権の考え方である。

第三の分権という考え方の背景には、広域的に行なうよりコミュニティ単位で行なった方がきめ細かくニーズに合った行政サービスができるということもあるが、地域によって風土、習慣、住民特性が異なっているのだから本来的に行政は地域コミュニティに着目して行なうべきだという考え方がある。

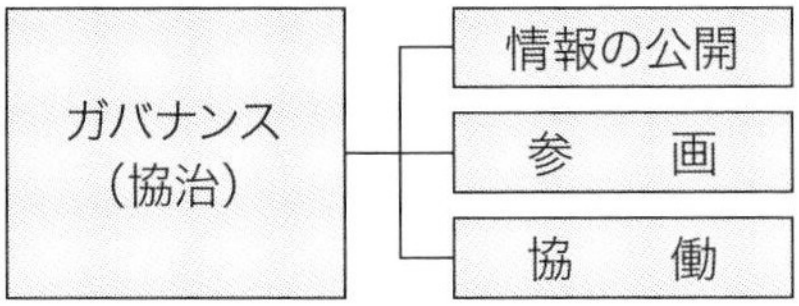

ロザンヌ・ハガティの配偶者であるロイド・セデラー氏は日本のメンタルヘルス・サービスの改革についての論文も書いている精神医学者であるが、彼に上記の話をして、「まだ火山ガスが噴出し続けている三宅島に帰ると、八十歳代の夫婦でも畑を耕し、海岸であさりをとって、自活している。東京のコミュニティで避難生活をおくっているとどうしても〝お客さん〟になってしまう。島に帰るということには、高齢者が自力で生きるという意味がある」という話をしたことがある。九・一一テロのあとニューヨーク市衛生局技監を務めたこともあるセデラー氏は、「そういう場合は、島に帰ることが治療なのです」と診断を下した。精神科治療の場合だが、アメリカでは、五〇年ほど前から、大規模病棟ではなく、政府が安い費用で個人経営の診療所に受け入れる政策がある。病棟ではなく、家とか家庭に近い形のほうがいいという考え方だ。

地域コミュニティ単位で行政サービスを考えた場合、サービスの担い手として期待されるのが、第四セクターである。

第一セクターが国や自治体、第二セクターが民間であるとすれば、公民共同の組織（会社や公社・公団等の形をとる）が第三セクターと呼ばれる。

これに対して第四セクターは、地域企業である。これが社会企業（ソーシャル・エンタープライズ）である。

この場合の特徴は、単に地域性だけではなく、福祉の心をもって公益目的のために活動するか、ビジネスライクに合理的かつ効率的に事業を実施するかということだ。そして公的補助金のみには依存しない、たとえば収入の半分以下でなければならないとする。

これは、地域企業あるいは社会企業の自主性を確保し、硬直的でなく柔軟な、地域に見合ったサービス提供のスタイルを確保するためである。

しかも、サービス従事者に支払われるべき賃金（それが障害者である場合も）は、市場のレベルに見合ったものであることを想定する。継続性を重視するからである。

社会企業にとって大切なのは、その組織内において民主的運営すなわちガバナンス（協治）が確保されていることである。その内容は図示した「情報の公開」「参画」「協働」の三点である。

以上、見てきたように、市場化、民営化における公共関与のあり方の問題は、国家レベルに比べて、地域単位で見た場合に、現実的に発展していく可能性をもっている。

市場化と公共関与というテーマを考えるとき、私たちは、この第四セクターの役割を視野に入れて考えなければならない。「公共」とはけっして行政と同義語ではなく、市民活動も公共の重要な一環だからである。

これからの公共政策を、地域の市民活動レベルで考えると、公共政策の未来が見えてくる。

ニューヨークのハーレム再生における市民活動の活躍

ロザンヌ・ハガティの話にたびたび出てくるニューヨークのハーレム、すなわちマンハッタンの北部一帯は、ひと頃、荒れたまちとして世界的に有名だった。しかし、市民活動を中心に再生への努力がなされ、今ではかなり改善された。ロザンヌ・ハガティが〈コモン・グラウンド・コミュニティ〉を創立しホームレスに住まいを提供する運動を始めるのに先行して展開されたハーレムの市民活動を知ることは、ロザンヌ・ハガティのプロジェクトを理解するためには必須といっていいだろう。

私が初めてハーレムを訪れたのは一九八〇年代のことだ。都庁の職員として山谷の日雇い労働者の面倒をみる福祉センターの所長をしていて、共通の問題を抱えるこのまちに親近感をもって何度も見に行った。

ミッドタウンから地下鉄に乗って一二五丁目通り駅で地上に出ると、黒く焼けたビルが目立った。オーナーが、治安の悪いハーレムにおける賃貸事業に見切りをつけて、自ら放火し、保険金を得て、ビルを放棄してしまうのだ。それをabandoned house（放棄された住宅）と言うのだと教わったことがある。窓は割れて壁には落書き、通りには昼日中から所在なげにたむろする黒人が大勢いるし、連邦政府の事務所の周囲はフェンスで固くガードされていた。アポロシアターにアマチュアナイトを見に行っても、シルビアズのレストランに食事に行っても、用がすむと一目散に一二五丁目通り駅に駆け込むほかないまちだった。

そういう様子が少しずつ変わったのは、クリントン大統領時代（一九九三〜二〇〇一）にアメリカの景気が絶好調を維持していた頃からだ。

HCCI（ハーレム地域再生組合）という宗教者たちの市民団体が一二五丁目通りにスーパーマーケットをオープンして三百人の雇用を創出したことは、日本でも報道された。その後、店も増えたし、何よりも各種市民運動団体が福祉や教育、住宅など広範な運動を展開した。連邦政府もここをEZ（エンパワーメント・ゾーン）に指定して活性化策を講じた。ニューヨーク州や市も手厚い住宅政策を実施した。今では、一二五丁目通りも一三五丁目通りもウインドウ・ショッピングを楽しむ人たちで賑わっている。

二〇〇五年頃になって、明治大学大学院ガバナンス研究科に学ぶ議員、公務員、会社員、大学職員などの院生たちとゼミ旅行に行ったとき、一人が「ハーレムらしい焼けた建物はないか」と言い出して一緒に探したが、なかなか見つからなかった。

結局、バスで一五五丁目まで行ってようやく廃墟を見つけたが、一棟だけなので、昔のような危険な迫力は感じられなかった。しかし、最近はもう、その廃墟も修復されて人が住んでいる気配だ。マンハッタンの

Lady Love
HUNTER ROBERTS

duane reade
DRUGS

ニューヨークのハーレム。今でも見られる典型的な風景（右頁上）
商店も復活してにぎやかになった最近のハーレム（右頁中）
スターバックスもできた（右頁下）
今や繁華街となったハーレム 125 丁目通り（左頁上）
路上に商品がはみ出すなど、かつては考えられなかった（左頁下）

北端ともいうべきその地域にも数軒の店ができていた。

福祉や医療だけにいくら力をいれても、経済が活性化しなければ地域はよくならない。ハーレム再生の背景には、ニューヨークの経済が一貫して好調だったという状況がある。

もちろん、課題はまだたくさんある。商店がたくさんできて、単純労働の雇用は確保したが、もともとのハーレムの住民のなかにはろくな教育を受けていない人も多い。

今では、一二五丁目通りには、食品や衣料品のスーパーマーケットが店を開き、スターバックスやダンキンドーナツ、さらには銀行の店舗まで並んでいる。連邦政府ビルのフェンスも取り払われた。クリントン元大統領がここに事務所を構えていることは知られているが、建設中の新しいオフィスビルも目につく。活況を呈している。かつての、放火で焼けただれた廃墟みたいなビルが並んでいた頃とは違うハーレムが出現した。賑わっている。今では、ハーレムをのんびり歩くことができる。と言っても、ニューヨーカーは日本人の倍くらい足が長くて、しかも早く歩くから、のろのろしていると邪魔にされる。

ＨＣＣＩは、ハーレム一二五丁目通りに立派なオフィスを構えている。リーダーの一人、マックウィーンさんいわく、「廃墟となった住宅を再生し、半分はホームレス、半分は低所得者を入居させる事業を一九八六年に始めた。当初、市役所からは牧師たちにそんなことができるわけがない、と言われた。何度も交渉した。結局、どうしてもやりたいなら、小規模にやるならいいと言われて、小規模に始めた。一番初めのプロジェクトは、ホームレス半分、低所得者半分の、一一〇戸の再生住宅の提供だった。その後も市有地や地主が放棄した土地を含め廃墟となった住宅を再生して人を住まわせるなど、小さなプロジェクトを積み重ねるうちに、評価が定着した。そしてハーレムは、ＥＺに指定されて税制優遇や規制緩和措置を受け、商業、職業訓練、保育所、健康管理など総合的に事業を展開している」と胸を張る。

彼らは宗教者だが、宗教を超えて、市民活動として取り組んだ。

「黒人社会では特に、宗教が大きな役割を果たしている。ハーレムには、一五〇〇以上の教会がある。病院や孤児院も教会がつくる例が多い。かつて韓国人を標的として黒人が暴動を起こしたときも、黒人の牧師が韓国人と、そして当時のディンキンズ市長と腕を組んで一緒に歩いて暴動をやめさせた。しかし、ハーレムの再生にあたって、宗教色を出してはいない。この仕事で宗教の話は禁物だと思っている。宗派を越えて取り組んだ。イスラムの人だって仲間にいる。ユダヤ教の人も一緒にやっている」

そして政府からエンパワーメント・ゾーンに指定されたおかげで、税制優遇や規制緩和措置を受け、商業、職業訓練、保育所、健康管理など総合的に事業を展開している。アフォーダブル・ゾーニングによる減税の恩恵も受けている。彼らだけでなく、民間事業者もハーレムで住宅建設に取り組むようになった。

いいことづくめのように見えるが、ハーレムというまちの価値が上がって、家賃が上昇した。彼らはいま、低所得者が住めなくなることを心配しているほどだ。

UMEZ（アッパー・マンハッタン・エンパワーメント・ゾーン）もハーレムの目抜き通り一二五丁目通りに立派なオフィスを構えている。理事長のケン・ナックル氏は、「スーパーマーケットを一つオープンするだけで数百人の雇用が発生する。雇用が発生すればその賃金で買物をする。ハーレムに客がいることがわかればほかのチェーンも店を出す。また雇用が発生する。この間、私たちは五五〇〇人分の雇用機会をつくった。この三年間に限っても二〇〇〇人分の雇用を増やしている。EZに指定されたことでいい循環が発生している」と強調する。たしかに、いま、ハーレムのまちは買い物客で賑わっている。ひと頃のことを思うと隔世の感がある。

私がシルビアズのレストランの話をすると責任者のナイト氏が、「今では二四軒のレストランが営業している。食事ができるのはシルビアズだけではない。ほかの店でも食事してほしい」と言ってハーレムのレストランマップをくれた。

ケン・ナックル氏は、「文化だって、アポロシアターだけではない。スポーツだってやっている。二年前にはサッカーのワールドカップのホームレス版をやった。勝ち負けにこだわらない試合ぶりに、ホームレスだけでなく一般の観客の評判もよかった」と言う。

EZはBIDとは違う。BIDはビジネス・インプルーブメント・ディストリクトすなわち中心商業業務促進地区であり、警備・清掃・イベントなどによりビジネス地区の価値を上げるものだが、EZは経済開発と福祉の総合化をはかっている。いわばNeighborhood Economical Developmentだ。ハーレムの場合は、BIDのeconomical developmentだけではなくNeighborhoodすなわち近隣住民どうしの助け合いが大切である。ハーレムは失業者ばかりだった。というより、最初から就職しないから失業者にさえカウントされない。そもそも託児所がなければ働けない。ベビーシッターを雇う賃金が得られるような人はここにはいなかった。だから経済発展と福祉の総合化が大切だったのである。ここでは、経済だけ、福祉だけ、ということではなく、観光、文化、福祉、労働組合、不動産など異なる職種の人たちが一緒に参加する仕組みが重要だった。住宅だけ、治安だけ、福祉だけ、経済だけ、ということではなく、これらを総合的にとらえ、総合的に政策を実施したから効果が上がった。そして、ハーレムの再生は、好調なニューヨーク市経済に引っ張られている側面もある。

UMEZに対する資金提供団体の一つ、フォード財団の事業は多岐にわたっていて、第一部門は平和と正義を目的として、人権問題等に、第二部門は自由と創造を目的とし、教育や宗教、そして芸術や文化に、そして第三部門は経済とコミュニティの発展を目的とし、貧困や家族、コミュニティー経済開発の問題に取り組んでいる。

UMEZに対する支援は第三の部門ということになるが、担当役員ミゲル・ガルシア氏とコミュニティ部門責任者スーザン・シスケル氏は、ハーレムのEZについて、「不動産開発を通じて、いろいろな所得階層の人がミックスして居住するコミュニティ開発に力を入れてきた。このプロジェクトは一応うまくいっているが、当初は考えなかった問題が生じている。それは、荒廃していた住居地域の水準が上がると家賃が上昇して、貧しい人が住めなくなってしまうという問題だ。それで、EZという形で、雇用による賃金確保を主眼においた形の新しいツールが開発された。それでも、まだまだ研究、改善の余地があると思う」と言う。地域がよくなっても、従来からそこに住んでいた人たちがそこに住めなくなっては意味がない。雇用促進がハーレム再生の鍵となっている。

ニューオーリンズ復興と市民活動

私は、フォード財団と〈ジャパン・ソサエティー〉の復興プロジェクトを手伝って、二〇〇五年のハリケーン・カトリーナによる水害のあと、ニューオーリンズを一〇回ほど訪問して、多くのニューオーリンズ市民活動のリーダーたちと交流した。ニューオーリンズでは市民活動が復興に大きな役割を果たしている。

〈ユニティ〉のマーリ・ケーゲル、〈マーケット・アンブレラ〉のリチャード・マッカーシー、〈アシェ文化芸術センター〉のキャロル・ビーベル、ベトナム村のヴィエン神父、〈レイクフォレスト・チャータースクール〉のマードレ・アール、彼らには共通した資質があるようにみえる。それは、将来の夢を描く前向きな姿勢と、困難な状況をバネにコミュニティに新しい価値を生み出す強力なリーダーシップである。

〈アシェ文化芸術センター〉は、ハリケーン・カトリーナによる災害より前に、アフリカ系アメリカ人の

ハリケーン災害によって荒れ果てたニューオーリンズ

文化芸術活動の拠点として民間の寄付によってつくられたが、災害のあとで活動が飛躍的に拡大し活発化した。アフリカ系アメリカ人だけでなく、多様な人々が参加するようになった。ニューオーリンズ名物のジャズ・フェスティバルでも大きな役割を果たしている。

二〇〇人ほどが入れる、各種の舞台設備を備えたホールと絵画などを展示するギャラリー、地元の人の手芸や彫刻など作品を販売するコーナーを備えていて、いつも大勢の人が出入りしている。地域金融を行なうコミュニティ・バンクとも連携しながら地域の活性化に取り組んでいる。

センターのキャロル・ビーベル事務局長は、「避難先でもその地域の人たちと大きな声で歌って、辛い気持ちを癒されることが多かった。ここに帰って来てからも厳しい生活のなかで、文化芸術活動に参加する人が一層増えている」と語る。

キャロルたちは、ハリケーンが襲来し大きな被害をもたらした後はいち早くセンターを再建し、

〈アシェ文化芸術センター〉（上）、
そのロビー（中）と会議室（下）

ニューオーリンズの空港では到着した客をジャズの演奏が迎える（上）
ニューオーリンズの葬式の行列（中）
〈アシェ文化芸術センター〉に併設される地域金融機関（下）

全米各地に散った被災者がニューオーリンズに帰ってきて生活を再開するときの心の拠り所として、文化芸術を通じた各種のプロジェクトを展開した。

キャロル・ビーベルは、ニューオーリンズ出身のアフリカ系アメリカ人である。ニューオーリンズにあるロヨラ大学で社会学を学んだ。「その頃まではバプティスト派クリスチャンである自分がイエズス会（カソリック系男子修道院）のロヨラ大学に入ることはできなかったが、それが許されるようになった時代に私は生きた」と彼女は語っている。

大学を卒業して約二〇年にわたってニューオーリンズ市役所の教育・社会・健康プログラムの管理者・プランナーを務めたのち、彼女は一九九〇年に独立して教育・文化活動に従事した。働きながらチューレーン大学の大学院で教育学を修めている。詩人でもある。

三宅島の市民活動のリーダーたちが〈アシェ芸術文化センター〉を訪れて交流したとき、三宅島の人たちの四年半に及ぶ避難生活でも、島の人たちが「ふれあい集会」で歌ったり踊ったりして帰島への希望をつないだ経験を持っているので、互いに話が弾んだ。

このとき、センターの前の通りを賑やかなジャズを演奏しながらパレードが通りかかった。すると、ニューオーリンズ側の人々は会議を中断し通りに出ていって、パレードと一緒に踊り、パレードが通りすぎると何ごともなかったように席に戻り、会議を再開した。

「いまのパレードは何のお祝い？」と聞くと「葬式の行列だ」という。ニューオーリンズの人たちは賑やかなジャズで生まれ育ったから、亡くなったときも賑やかなジャズで送るのだという。

このような、地域の風習へのこだわりが、市民の一体性と市民活動の基盤になるとき、市民活動はその強さを増していく。

キャロル・ビーベルらが東日本大震災の被災地を訪れ交流

そういえばニューオーリンズの空港に到着すると、迎えるのはジャズの生演奏だ。彼らはあくまでもニューオーリンズの特質を守っている。

二〇一一年七月には、東日本大震災の被災地・宮城県南三陸町の人たちが避難する地域に、ジャズやソウルなどアフリカ系アメリカ人の歌声がチェロの伴奏とともに流れた。

聞き入るのは被災者の人たち、歌うのはミカエラ・ハリソン、チェロはモニカ・マッキンタイア。ニューオーリンズ市で生まれ育った新進だがプロのミュージシャンである。

被災者の人たちの多くにとっては初めて接するジャンルの音楽だが、ラブソングや自然讃歌は国境や民族を超えて心に染み通り、互いに親しみをこめた交流がすぐに始まった。

このとき、キャロル・ビーベルは計五人の仲間と共に南三陸町を訪問した。訪問をコーディネートしたのは〈東京災害ボランティアネットワーク〉で、三宅島との市民交流を支えていたニューヨー

〈マーケット・アンブレラ〉

クの〈ジャパン・ソサエティー〉が支援した。

キャロル・ビーベルは「皆さんに癒しの文化を届けにきました」と挨拶した。復興に当たっては地域における文化の復興も大切であることを私たちは忘れてはならない。

市民団体〈マーケット・アンブレラ〉が主催する青空市場では、地元農家が生産したトマトやイチゴ、レタス、生花、地元の漁師がとったエビや魚などを、生産者自身が直接、消費者に売る。私たちが訪問したときは午前九時、平野祐康《すけやす》三宅村長（当時）が開場合図の鐘を鳴らした。

リーダーのリチャード・マッカーシー氏は「産直という意義に加え、災害時には不幸から立ち直る場や機会を提供する意味がある」と強調する。実際、買い物に来ていた人に聞くと、「この市場に来て、知り合いの人たちと会うと元気が出てくる」と言う。

被災後すぐにこの市場を始めたのは、生産者の販路確保という目的もあった。だから、運営資金

ニューオーリンズの湿地帯（中）とベトナム村（下）

は民間財団などから集めていて、販売者からは一日約二〇〇〇円の手数料を徴収するだけだ。

三宅島でも、復興過程で〈ハート会〉という組織をつくり、特産の明日葉のつくだ煮やノリを東京都内の生協組織を通じて販売、収益を生活支援等に充てた。訪問団にはこれを推進したメンバーがいて、産直による交流がお互いを勇気づけるという日米共通の事実に、話が盛り上がった。

〈マーケット・アンノレラ〉の名には、青空市場は場所と大きな傘があればできる、という思いが込められている。同様な市場は週八回、ニューオーリンズ市内各地で開かれている。

ニューオーリンズ中心部から東の湖の方に向かうと、スワンプ（湿地帯）の中に小奇麗な集落が現れる。十二歳でベトナムから米国に渡ったヴィエン神父によるメリー・クイーン・ベトナム教会を中心としたベトナム人コミュニティだ。アジア的な建築様式、見慣れた顔つきの人々と出会い、安らぎを感じる。

ニューオーリンズには、多くのベトナム難民が渡ってきた。フランスからの強い影響を受けてきたニューオーリンズは、同じくフランスの植民地であったベトナムの人々にとっても、過ごしやすい地域であったらしい。何よりも高温多湿の気候がぴったりだ。ベトナムでは度重なるメコン河の洪水が肥沃な土を運んでくる。ベトナムの人たちにとってミシシッピ河はメコンのように思えるのではないか。彼らはビジネスや農業、漁業を営みながら肩を寄せ合って暮らしている。

〈アシェ〉のアフリカ系アメリカ人の人々と同様、マイノリティである彼らにとって、災害は地域コミュニティの崩壊と独自の文化の喪失をも招きかねない。しかしヴィエン神父は若者を中心に地域の人々と共にこの問題に果敢に挑み、見事に再生、いやむしろこれを機に、しっかりとこの地にベトナムの根を張ろうとしている。様々な課題に対し、優秀な若者たちがリーダーとして関わり、ヴィエン神父の力強いリーダーシップが実に斬新で先見性のある取り組みへと導いている。更には、子どもから九十歳を超える高齢者までが互いに交わる活動の場を持ち、ベトナム人コミュニティは、更に強い結束力を備えつつあるという印象を受けた。

「self sufficiency」が彼らのキーワードだ。直訳すれば「自給自足」となり、実際に彼らは農産・水産物の大半を自分たちでまかない、次の災害の時には一カ月は自分たちの力だけで食料を確保した。

三宅島の火山災害時、先頭に立って被災者の生活支援をした東京都生活協同組合連合会の伊野瀬十三会長は、このときの交流を振り返って「日本の市民活動はもっと力をつけなければいけないと痛感した。米国の市民活動は資金集めに努力して、大きな仕事をしている」と述べた。

フランス植民地時代の面影を残すフレンチ・クォーター地区や、高層ビルが立ち並ぶビジネス街では、災害の傷跡は全くと言っていいほどに無くなっている。一方で、アフリカ系アメリカ人が多く居住する地区などでは、崩壊した建物が放置されていたり、仮設住宅用のトレーラーハウスが庭先で使用され続けていたりと、復旧活動にも地域によって差が生じており、復興プログラムがうまく機能していない地区が存在していることがわかる。

私たちが会った市民活動のリーダーの人々における、州政府や市役所の災害対策、復興政策に関する評価は、相変わらず厳しい。政治的な思惑や混乱、行政組織としての未熟さなどにより、様々な施策に遅れが出ていることを多くの人々が指摘する。そのような問題はカトリーナ災害が発生する以前から、様々なかたちで存在していた。

災害後のニューオーリンズでは、多くのNPOやNGOが様々な場面で活躍している。優秀な人材がニューオーリンズに移住し、革新的な政策を実行している。市役所などの行政組織にも、各種財団が自己資金で各分野の専門家と契約を結び、ニューオーリンズ市役所に派遣している事例がある。優秀な人材が安価に（行

被災直後の公営住宅（上）と復興後の公営住宅（下）

政にとっては多くの場合無償で）確保される。たとえばニューオーリンズ市役所の復興局長エド・ブレーカリー氏の給料は当時、ロックフェラー財団から支給されていた。

一方、この状況には潜在的なリスクがある。彼ら専門家は、派遣元の財団との契約が終了すれば、市役所を去ってしまう。市役所内部における知識や技術の指導、継承が必要とされている。

〈セントラル・シティ・パートナーズ（CCP）〉という民間団体は、ニューオーリンズ都心近くの、最も古く最も治安が悪いといわれていた公営住宅地域（CJピート）に、連邦政府の土地を九九年間の定期借地で借り受け公的な補助金を受けて公的な住宅を四六〇世帯分提供するプロジェクトに取り組んでいる。公的な住宅だから、公園はもちろん幼稚園年中組から中学二年までを対象とする学校も組み込む。学校にはアフタースクールなどでYMCAも入る。入居者として想定されているのは、市場家賃で入居する層、公営住宅家賃で入る層、その中間層のミックスである。

アメリカでは一般的にそうだが、ニューオーリンズの公営住宅も、カトリーナ襲来以前から荒れていた。再建にあたって、中堅所得層をミックス居住させるプランを採用した。「それで近隣居住者の了解を得ることができました」とプロジェクト責任者のエスコフェリーさんが説明した。

被災後数年間は、たくさんの公的住宅群を厳重にフェンスで囲って警備して誰も入れないようにしていた。その後ほとんどが解体されて瓦礫の山となっていた。ニューオーリンズの復興がようやくここでは進み始めたようにも見える。エスコフェリーさんの表情も以前に比べると明るくなったように感じる。

アメリカでは一般に公的住宅のイメージが悪い。スラム化し、犯罪の温床になり、不法入居がはびこっている。自治会がしっかりしていて管理が行き届いている日本の公営住宅のイメージとは違う。だから入居者を複数の所得層によるミックス構成にせざるをえないわけである。コミュニティのあり方としてもそのほうがいいだろう。

問題は、住環境を改善し公園や学校のために用地を使うから、従前居住者数を確保できないことだ。もちろん、戻って来たいのに戻って来られない人が多ければ勘定は合うわけだが、そういう考え方をとらず、Disaster Housing Assistance Program（住宅復興支援プログラム）によって、丁寧に相談に応じているのが特色だ。

住宅問題は被災者に対する生活支援の根幹をなす。市の中心部近くにある復興住宅建設現場のリバーガーデンという地域では、二戸か三戸を一棟として戸建て住宅が立ち並ぶ。このコミュニティには賃貸と分譲と両方のタイプがあり、公的補助金を受けて低所得者及び中堅所得層を対象としている。すでに人が住み始めており、まちは活気に溢れている。

ニューオーリンズにおいて住宅を自力再建できない人たちに対する政策モデルは、政府が土地を提供し、民間プロジェクトとしてソーシャル・ミックスなアフォーダブル住宅を提供することを基本としているようだ。

これはいかにもアメリカらしい、公共部門の役割と市場原理を組み合わせた賢いやり方に見える。しかし、一定の収入以下の低所得者に対しては、公営住宅を提供することがまったくないと、いきなりホームレス対策という形に飛んでしまうのは無理があるのではないかと思う。

最初にニューオーリンズと関わりをもったとき、私が疑問を感じたのは、「ハリケーンが来ることはわかっていたのに、なぜ一三〇〇人もの人が犠牲になったのか」ということだ。ハリケーンが襲来したのはニューオーリンズに限らない。しかし周辺のアラバマ州等では事前に住民を避難させていて、犠牲者を出していない。そこで現地ではまず、そのことについて聞いて回った。

納得のいく答えがないなかで、「黒人市民の四七％は文字が読めなくて、新聞も読まずニュースも見ない

ニューオーリンズのチャータースクールの授業風景（上）（下）

スクールバス（上）と学校での朝食（下）

ため、避難指示に反応することができない」と指摘したのは、市の経済界のリーダーの一人、バイロン・ハレル氏だ。

災害の本当の怖さというのは、その地域や社会にもともと内在していた弱さが、ふだんは表面化しなくとも、災害時に一気に露呈してしまうことだ。

ハレル氏らは、被災の原因を取り除くため、読み書きを教えるチャータースクール（自由学校）を始めた。ハレル氏は、「黒人が読み書きできるようになり、災害とは何か、水害とは何か、ハリケーンとは何か、気象予報とは何かについて、科学的な知識を身につけなければ災害はなくならない。だから、ニューオーリンズの本当の復興には、まだ何年もかかるだろう」と言う。

被災前に市内で一校だけだったチャータースクールが、今は四〇校、八万人を教えているという。このことについて日本では、「公教育の後退だ」と批判する人もいる。しかし、被災前のニューオーリンズではすでに公教育が破綻していたのだ。再建にあたって、民間設立の学校を主体にしていく発想は支持することができる。州政府もこれらに補助金を支出している。しかし、学校の幹部たちが、資金調達に苦慮していることも事実だ。州政府の補助金だけでは学校を維持運営することは難しく、民間寄付を募っており、これがうまくいかないと行き詰まってしまう。

一般にニューオーリンズでは、災害復興において重要なのはリーダーシップで、そして、そのリーダーシップを円滑に動かすガバナンスが大切なのだ、ということを強く感じた。私が交流し意見交換をしたリーダーたちは、それぞれ卓越したリーダーシップの持ち主ではあるが、それが社会全体として生かされるためには、ニューオーリンズ地域全体を通じたガバナンス機能が大切だ。それがないと各リーダーの能力やエネルギーが融合せずに、一カ所に留まってしまう。いわゆる横のつながりがないと、社会構造上、その上下に位置する政府と市民との間隔に大きな隔たりができてしまう。

現に、これらの優れたリーダーたちの多くは、私たちが実施した日米交流プロジェクトを通じて互いに知り合い、意見交換したのである。

政府のガバナンスとして、横に広がっている各分野のリーダーたちとのコミュニケーションを密にとり、リーダーたちが取り組む市民の要望を全体像として把握する努力をすべきであろう。そして、そのリーダーたちがより効果的・効率的に市民サポートができるように、政府はソフト面、ハード面でインフラを整備することが重要であると感じた。リーダーたちは、多忙な日々を送っているとはいえ、ソフト面・ハード面のインフラ整備は、いずれ近い将来に自らの事業にプラスとして跳ね返ってくることが期待できるので、地域社会のガバナンスの発展を支え促す役割が期待される。

私はコロンビア大学のエスター・フックス教授（都市政策）、ニューヨーク大学のポール・ライト教授らと二〇〇九年二月に意見交換したときに、それぞれに対して「災害時、日本は自治体が第一線に立つが、ニューオーリンズでは市民団体が活躍している」と指摘した。それに対して両者は共通に「ニューオーリンズではそうならざるを得なかった。政府や自治体の活動が弱すぎた」と解説した。

政府・自治体、市民活動それぞれに一長一短がある。政府・自治体の活動は一般に柔軟性に欠け、遅い。しかし、議会や選挙という民意の反映システムを持たない民間財団が、資金提供の決定という形で市民活動の成否を決定していいのか、という問題もある。

孤立死を防ぐ——市民活動の役割

二十一世紀の深刻な人都市問題の一つは、孤立死である。世界の大都市はみな、この問題で悩んでいる。

東京でも、二〇一〇年夏は、これが顕在化した。夏のはじめ、七月十七日から八月十六日までのひと月間に東京二三区で熱中症死した一〇〇人の内訳を見ると、九割が六十五歳以上、七割が一人暮らし、九六%が屋内で死んでいた。こういう孤立死は、病死ではあるが、発見が早ければ助かっていたかもしれない。遺体が傷んでから発見されるから人間の尊厳を著しく損なう。孤立死の背景には、家族やコミュニティの崩壊など深刻な問題があって、孤立死は、大都市問題がそういう形で顕在化したにすぎない。

熱中症死に限らず一般に孤立死は増えている。東京都監察医務院の調べでは、東京二三区における異常死のうち、自宅で死亡した一人暮らしの人の数は、一九八七年の約一一〇〇人から二〇〇六年には約三四〇〇人に増えている。内訳では男性が三分の二を占めている。発見まで女性は平均六日だが男性は平均一二日かかっている。男性のほうが家族やコミュニティから孤立しているのである。

一九九五年のシカゴの熱波(熱帯夜の連続)では、七五〇人以上が亡くなり、これをエリック・クライネンベルク(現在はニューヨーク大学教授)が『ヒートウェーブ』(Clinenberg, Eric, 2002, *Heat Wave*, Chicago: The University of Chicago Press)で詳細に分析している。彼の結論は、商業衰退地域で孤立死率が高いというものだ。商業が衰退しているということは、家族やコミュニティの衰退も著しいということだろう。彼の話では、ラテン、ユダヤ、ベトナム、中国、日本系の人は孤独死が少ない。アメリカで暮らすときにファミリー、コミュニティの結束が固いからだという。アフリカ系の男性高齢者の孤立死が多い。

二〇〇三年のフランス熱波では約一万五〇〇〇人が孤立死したという。パリだけで約二三〇〇人が孤独死した。フランス国防省の研究所の話では高齢者、自宅、狭い部屋というのが共通要素である。同じ年、イギリスでも熱波死が問題となった。ここでは政府の健康保護庁が、化学兵器テロ、インフルエンザとともに熱波を扱っている。いずれも、気温上昇が予想されるときには、「水を飲むように」など警報を発している。

フランスでは、老人ホームと病院には必ずエアコン付きの部屋を設けるよう法令を改正した。ふだん涼しいから従来は必要がなかったのである。

フランスやイギリスの対応をみると、熱波による孤立死を国家的な危機管理の問題ととらえていることがわかる。これを大都市問題としてとらえると、家族やコミュニティからの孤立の問題として考えることができる。警報を発するような彌縫的手段だけでは対処できない。社会の有り様の問題として対処することが迫られている。

二〇〇〇年三宅島噴火のあと四年半の全島避難中に孤立死がなかったのは、はじめから既存のコミュニティ、すなわち各地の公営住宅の空き家に分散して入ったからである。同じ日本でも、阪神淡路大震災のときは、仮設住宅でも復興住宅でも孤立死が相次いだ。同じ境遇の人を集住させたからである。

自治体も住民も報道関係者も、「災害といえば避難所」とか「仮設住宅の大量建設」いう固定観念から脱却する時期が来ている。そして災害時に避難生活中の孤立死を避けるためには、被災者にきちんとした住宅を行政が提供する一方で、近隣コミュニティの日常的な交流が可能な環境をつくるのが有効だ。

孤立死を防ぐのは、行政だけではできない。日常的な地域の市民活動が最も力を発揮する場面である。

3 社会的包容力《ソーシャル・インクルージョン》と社会企業

社会的包容力＝ソーシャル・インクルージョンとは何か

ロザンヌ・ハガティとの話の中で、たびたび社会的包容力（Social inclusion ソーシャル・インクルージョン）という言葉が登場してくる。日本では従来、「ソーシャル・インクルージョン」とそのままカタカナで使うか、または「社会的包摂」と直訳されている。しかし、これでは一般の人に意味が通じない。ホームレスや福祉を議論するときにたびたび使われる言葉なのに、定訳がない。私はソーシャル・インクルージョンを「社会的包容力」と訳している。これは重要な言葉なので、なぜそう訳すのかということについて説明しておきたい。

結論を先に示しておくと、ソーシャル・インクルージョンは、現代においては「人が何らかの理由によって排除されることのないよう取り組む社会的な努力」を意味するから、日本語で一言でいうと社会的包容力というのが内容に最も近いのである。

この内容について具体的に言うと、社会的排除の理由には、人種、宗教、言語、性別、障害、病気、出自、学歴、貧困、犯罪歴、住む地域などさまざまな要因が考えられるが、これらを理由として排除することなく、彼らが社会的に活躍できるよう教育、職業訓練、住居、雇用、創業支援など政策的な努力をする社会を社会的包容力ある社会という。

社会的包容力の概念の政策的表現の端的な例は、たとえば貧困に対しては、これを所得再分配すなわち生活保護手当のみによって解消しようとするのではなく、貧困の原因を取り除いて、彼らが職業的に活躍できるよう助力を惜しまないことである。

ロザンヌ・ハガティの活動は、ホームレスに一時的なシェルターを提供するのではなく、恒久的な住まいを提供し、生活面の支援を継続的にすることを目指した。これは社会的包容力の考え方の具体化であるといえよう。

社会的包容力（ソーシャル・インクルージョン）の考え方からすると、貧困問題には、生活保護だけでは解決できない教育、雇用、職業訓練、住宅、生活指導の総合対策が求められている。したがって、福祉、労働、教育、経済、まちづくりなど各種の縦割りの政策を総合化することが求められる。

貧困問題は福祉問題ではなく労働問題の分野で解決しなければならない。貧困問題の解決とは、そもそも生活保護を必要とする人を減らすことであるということを忘れてはならない。現金給付を中心とした政策だけでは貧困問題は解決できない。

また、派遣労働者の失業問題は、いきなり生活保護で対応するのではなく、まず雇用保険の制度で解決されるシステムになっていなければいけない。市場原理の世界で生じた問題が直ちに生活保護の世界に持ち込まれるのは、社会制度の不備である。

同じことが社会についても言える。戦後六〇年、無我夢中で働いてつくってきた私たちの日本社会は、いろいろ不十分な点はあっても、ともかく一定の生活水準を実現した。だが、今、重大な問題に直面している。それは、工業化時代から情報化時代への転換に伴って必然的に生じる、「異なる宗教、異なる価値観、異なる民族、異なる言語の人たちと日本の社会においてうまくやっていけるかどうか」、すなわちソーシャル・インクルージョンの問題である。

今までの日本社会は、自分たちの社会の構成員とは異なる人たちを、〝お客さま〟として扱うことはやってきた。また、一部の日本人は彼らを社会に受け入れていく努力はしてきた。しかし、ある一定のところで線を引いて、それ以上は中に入れなかったのが今までの日本の社会のやり方だ。しかし今や、異なる人々が、日本の社会の一員として活躍する時代がやってきた。もちろん、これからも絶対入れないという選択もありうる。しかし、それでは日本は衰退する。いや、衰退するだけならその選択はありうるのだが、衰退で済まないかもしれない。日本の社会が成り立たない可能性も強い。

実は、この問題は、外国人に対する問題だけはない。日本の社会の中でも、低所得者や貧困者に対する福祉は、給付を中心として、最低限度の生活を保障すればいいという考え方が未だに根強い。一般に、高度な教育を受けた人々の子弟は高度な教育を受け、そうでない人々の子弟はそういうチャンスに恵まれない。近代以降の日本の歴史において、現代ほど身分階層が固定化されている時代はないと言ってもいい。しかし、そういう社会はいずれ、行き詰まる。才能があれば教育を受けるチャンスがある、個人の適性によって道を選択することができる、そういう社会へとつくり変えないと日本の活力は維持されない。

明治時代の日本がなぜ元気だったのか。明治維新の内戦で、日本を思う人たちの多くが死んだ。維新政府の生き残り指導者たちはそのことを骨身に沁みて知っていた。同時に、うかうかすると日本は欧米列強の植民地にされてしまうという切実な危機感をもっていた。だから、たとえば連合して官軍に抵抗した東北地方を占領したとき、その地域の少年たちを給仕として雇い、将来性ある若者を見いだすと私費を投じて教育を受けさせた。政府も、社会も、そういう人たちを積極的に登用した。明治時代に斎藤実、原敬などの首相をはじめ、維新戦争の敗者である東北から人材を輩出した背景には、占領軍のそういう努力があった。

私たちは、つい、給付行政を手厚く実施していくことが貧しい人々に優しいという先入観をもってしまう。給付行政は、その実施が容易であり、かつ、世論の支持も得やすいだけに、それを受ける人にとっても、また行なう人にとっても、それに依存してしまってそういう状態から抜け出していくという努力を怠る傾向を助長するという弊害が大きい。

私が三六年間にわたって従事した東京都政は、これについて苦い経験をもっている。

昭和四十七（一九七二）年、当時の美濃部亮吉都知事は、寝たきり老人に対して月三〇〇〇円の現金を「老人福祉手当」として支給する事業を開始した。初年度の所要額は二億円にすぎなかった。その美濃部知事を「ばらまき福祉」と批判して当選した鈴木知事の下でも、この金額は年々、増額されていった。そして石原都政スタート時点で月五万五〇〇〇円、受給者は五万八千人、年間予算三五〇億円以上という巨大な事業になっていた。

老人福祉手当は、「老人ホーム等のサービスが不十分なので、お金で我慢してください」という制度だ。これで許されるなら、行政にとってこんな楽な制度はない。寝たきり老人に対して、ホームヘルパーの派遣など必要な在宅サービスを実施したり、特別養護老人ホームに入所させると、ランニングコストだけで月四〇万円くらいかかる。これに比べたら、月五万円あまり支給してそれで済むなら、安いものだ。

東京都は、石原都政になってこの制度を廃止した。ちょうど介護保険制度がスタートし、四十歳以上の全国民がこれに加入した。介護サービスを必要とする人には、自治体がサービスを提供することが義務づけられた。月五万五千円で勘弁してもらうことはできなくなったのだ。これからは家族介護に頼ることなく、社会として老人ホームや在宅サービスなど実際の介護サービスを提供することに力を入れていかなければならない。

老人福祉手当は貧困とは別の問題だが、以上の経過は、現金給付行政をいったん始めるとなかなか廃止できないこと、そして決して問題の本質的な解決にはならないことを示している。

ニューヨークのハーレムにおいても、住宅改善だけではよくならなかった。商店をつくり、そこを雇用の場としても活用するところから再生が始まった。

アメリカのスマート・グロウスという考え方は、市街地の郊外へのスプロール化と中心市街地の衰退が進行するなかで、都市中心部に流入する貧困マイノリティ層に対する雇用・教育・住宅の政策を手厚く行なうことにより問題を解決していこうとするものであると理解すると、住宅行政の責任者も、ハーレム再生に取り組もうとする市民活動家も、問題に総合的に取り組もうとしている点で、姿勢が同一であると受け取ることができる。

そういう姿勢があるとしても、ハーレムはハーレムだけで再生したわけではない。アメリカ経済の好調による失業率の改善、さらに地域的にはニューヨーク経済全体の好調に支えられている側面がある。特にマンハッタンのミッドタウンで近年、超高層ビルの建設が相次いでいて、雇用の場が増えていることと、ハーレムも無縁ではない。

セントラルパークの南西角、コロンバス・サークルに面して、タイムワーナー・センターができた。延べ床面積二六万平方メートル（丸ビルは一六万平方メートル）の巨大なツインタワーだ。近代的な外観から一見してオフィスビルかと思うが、中身は住宅が主体だ。地下にはホウルフーズ・マーケットという巨大な食品スーパーが営業している。東京でいえば、日比谷公園の前に超高層マンションができたわけだが、ニューヨーカーにとっては意外なことではない。

ハーレムの治安がよくなったのは、必ずしも警察力によるわけではない。もちろん、街角にパトカーを止めてある（車の中に警官がいるとは限らない）のも意味があるが、基本は雇用と住宅の改善だ。

ハーレムを再生した人たちは、廃墟となったまちを、住居をリフォームすることでだけではなく、商店をつくることや清掃やビル・メンテナンスの仕事を見つけてくることによって彼らに雇用の場を増やそうとしている。

ホームレスの人たちのためのホテルを経営する市民活動家が、巨額の運営資金をきちんと調達し続ける。私は、こういう考え方と活動に、アメリカにおけるソーシャル・インクルージョンを見る。ソーシャル・インクルージョンは目的であるが、同時に手段でもある。「多様性こそニューヨークの強みだ」と多くのニューヨーカーから聞く。社会的包容力を目標として各種の政策を実施するが、それが経済にとっても、ひいては社会の発展にとってもプラスとなっている。

先に紹介したニューヨーク市の311番コールセンターも、二四時間都市における二四時間対応という発想がある。サービスの標準化という目標に加えて、一七〇の言語に対応することは、各部門へのダイヤルイン方式では決して実現できないことだ。ここでは、経営効率の向上と社会的包容力の向上が見事に一体となって実現されている。

ホームレスに対する対応は、その地域の社会的包容力の現状を如実に示す。一時的なシェルターの設置や食事の提供という当面の措置を続け、ホームレス状態を永続させるのか、それとも本格的な教育訓練、雇用確保に取り組むのか。換言すれば、社会政策（救済）のレベルにとどまるのか、それとも都市政策（解消）

を行なうのかということである。ホームレスになった原因すなわち失業、病気、教育欠如などの要因を取り除くことに努力するかどうかは、最も明快に、その社会の包容力を示す。

ホームレス問題は、ジャック・ロンドン『どん底の人びと』(一九〇三)、ジョージ・オーウェル『パリ・ロンドン放浪記』(一九三三)そして多くの日本の書物によっても明らかなように、古今東西を通じて、特にニューヨーク、ロンドン、東京という三つの世界都市共通の課題であるだけに、比較しやすい。

共通の問題、特にアメリカと日本に共通の問題という意味では、災害時の避難民をどう扱うかというテーマがある。

三宅島の人たちが公営住宅に入居したとき、家賃は無料、上下水道料や電気料金等は基本料金免除、そして電気釜や冷蔵庫、ふとんや毛布など生活用品は三一品目を現物で用意した。加えて被災者生活支援法による基金からは一世帯あたり一〇〇万円が支給された。

これに対してある学者らは、「もし体育館で避難生活していたとしたら、三度の食事が支給される。だから公営住宅に入って自分で食事をつくっている人たちにも食材費として月に三万円支給すべきだ」と主張した。

私は、「それは、彼らに何もしないで寝ていろということか。食材くらいは自分で働いて稼ぐべきだ。そのための雇用機会は提供する」と反論し、かなりの長期間、論争となった。結果的に避難生活は長期化し、働ける人たちは働き始めたので、月三万円の食材費は支給しないですんだが、月三万円を支給すべきだと主張した学者らが社会的包容力の考え方を理解していたら、ああいう主張はしなかっただろう。

また、私たちが仕事実感として、「むやみに現金を支給するのは本当の福祉ではない」と感じていたことと同じことをニューヨーク市のいろいろな分野の人々も考えていたことを知って、非常に心強く感じた。

このようなニューヨーク市の状況は、「ロンドン・プラン」(邦訳『ロンドンプラン――グレーター・ロンドンの空間開発戦略』都市出版、二〇〇五年)がソーシャル・インクルージョンと経済発展を政策の柱に据え、シティに超高層ビルの建設を推進していることと共通している。本章末で「ロンドン・プラン」の考え方を紹介するが、イギリスのブレア首相は選挙で「教育、教育、教育」をスローガンとしたことがある。これは、完全雇用という目標を、雇用政策だけで達成しようとしても無理だということを前提に、雇用されるようなスキルを身につけさせることに重点をおこうとするものだ。所得再分配による「結果の平等」を目指すのではなく、失業の原因をとり除くため雇用機会の平等を目指すものだ。

私たちは、治安と福祉とまちづくりと、そして経済とが互いに密接不可分であることを忘れてはならない。福祉施策だけで福祉は実現できない。都市計画や経済政策と総合化されてはじめて福祉が実現する。すなわち公共政策にとって、「政策の総合化」が二十一世紀行政の最大の課題である。

「ロンドン・プラン」は公式に、ロンドン、ニューヨーク、東京の三つの都市を世界都市と位置づけている。これらのうちニューヨークは移民がつくったまちであり、今も移民を受け入れ続けている。さまざまな悩みをかかえながら、そして軋轢を繰り返しながら、問題だらけではあるが、ともかくも都市の基本的な成り立ちとして、また人々の意識として社会的包容力をもっている。ことさらに標榜していなくとも、社会的包容力を持とうと努力する大きな動きがある。社会的包容力はニューヨークそのものだといっていい。

これに対してロンドンは、ケン・リビングストン市長が「ロンドン・プラン」のなかで公式に社会的包容力を政策の柱として宣言している。ニューヨークと同様に、いろいろな問題をかかえながらであっても、社会的包容力を強く意識している。

これに対して東京はどうか。

東京は、都心の活性化と機能更新、文化・交流機能の充実、産業構造の変化など、時代のキーワードともいうべき高度情報化時代そして成熟社会への移行については、対応を進めている。十分とはいえないまでも、対応する努力はしている。

しかし、社会的包容力についてはどうか。

外国人に対する政策にしろ、社会的弱者に対する政策にせよ、当面、表面化した問題への対応に終始し、社会的包容力を抜本的に強化するところまではいっていない。政策のレベル以前の問題として、人々の意識が、である。異なる文化、異なる民族、異なる宗教をもつ人々を、客人として、あるいは福祉の対象として扱うことはしても、ある一線より前には絶対に入れようとしない意識が私たちに内在している。

私は、次の世代の人たちのためにも、日本は、そして特に日本をリードする東京の人々は、今、社会的包容力についてもっと強く意識すべきだと考える。

ニューヨークの居心地のよさがどこからくるのかということだ。それは、道を歩いていても、レストランで食事をしていても、図書館に調べものに行っても、スーパーで買い物をしても、タクシーに乗っても、外国人であることをまったく意識しなくていいということだ。英語をよく話せなくとも何の痛痒も感じないということだ。

ソーシャル・インクルージョンとは、そういうまちを、人々の意識と政策の両面において実現することを目指すことだと思う。

社会的包容力という考え方は、社会や政治、行政の仕組みを根本的に変えようとする重要な考え方である。この考え方の発展過程は、アメリカとイギリスとで少し違う。アメリカは移民で成り立った国だから、移民の問題から社会的包容力の問題を論じる傾向がある。イギリスでは、アメリカより遅れて移民をめぐる問題が顕在化した。これらの過程を前提として、ニューヨークにおける移民の問題と社会的包容力のとらえ方、そしてイギリスの「ロンドン・プラン」における社会的包容力の考え方をみてみよう。

社会的包容力と移民

ソーシャル・インクルージョンは必ずしも移民だけではないが、ニューヨークでは移民抜きには語れない。かつてブッシュ大統領が移民を制限しようとしたとき、同じ共和党出身のブルームバーグ・ニューヨーク市長は、「移民がなければニューヨークは成り立たない」と言ってニューヨーク市役所に移民局を設置し、局長にギレルモ・リナレス氏を任命した。

リナレス氏は一九六六年、十代のときにカリブのドミニカから移民としてアメリカに入国した。当時七人兄弟だった。「今は二人増えて九人兄弟」と笑う。両親は一九六三年に不法入国した。永住権をとるのに三年かかり、それからリナレス氏らを呼び寄せた。リナレス氏はマンハッタン北部のドミニカ移民を代表して一五年間市民活動をやって、ニューヨーク市議を一〇年やった。法律上、市議は最長一〇年しか務めることができない。コロンビア大学で二〇〇五年に博士号をとった。ブルームバーグ市長に請われてニューヨーク市の移民局長になったのは二〇〇四年である。

「ニューヨークの魅力は、誰もが野心をもって、生き生きと働いていることだ。ニューヨーク市の被雇用者の四三%が、アメリカ以外で生まれた移民だ。移民がいなければニューヨークの経済も文化も成り立たない。移民に対する医療ケア、社会福祉、教育が必要だ。いま、ニューヨーク市民の二五%が言語という問題をかかえている。しかし、移民が受け取る利益より、ニューヨーク市が移民から受け取る利益のほうが大きい。移民がいなければニューヨーク市自体が成り立たないからだ」

不法移民も多いのではないか。

「いま、全米に一二〇〇万人の不法移民が存在する。うち五〇万人がニューヨーク市にいる。一九八〇年代、コッチ市長は不法移民を取り締まる法律にサインした。その後、一九九六年の移民法改正で、移民はさらに不利になった。九・一一テロのあと、一層、移民に厳しい環境となっている。しかし、ブルームバーグ市長に私は、連邦政府に忠実にならないでほしいと要請している。今、不法滞在であっても、ある段階で合法的な移民として扱う必要がある。そして、不法滞在者であっても合法的に職に就く必要がある。なぜなら、アメリカが偉大な国家だとしたら、その偉大な国家は、移民がつくったからだ。そして現在でも、アメリカ経済の強みは、技能ではなく、多様性だ。多様な知性が多様な需要に対応していく」

そして、リナレス氏は強調した。

「入国政策は連邦政府の所管だが、移民政策、すなわち一人一人をどう扱うかはニューヨーク市の政策だ」

ニューヨーク市が移民局を設置したことに、そういう強い意志を感じる。アメリカで移民政策を重視しているのはニューヨーク市だけか。

「当初、ニューヨーク市だけが移民局を設置した。しかし、ボストン、サンフランシスコ、メンフィス、ロサンゼルスなど、次々と移民政策に取り組み始めている」

日本でも、中央政府は移民を認めない政策をとっている。しかし、現実には、大勢の外国人が日本で働いている。群馬県太田市では、ブラジル人労働者の子弟のために、市立小中学校で、日本文化・日本語に加えて、ブラジル文化・ブラジル語を教えている。つまり、おそらく二世、三世も日本で働くだろうが、そして日本国籍をとるかもしれないが、それでもブラジル人としてのアイデンティティはもち続けると思う。

「それはアメリカでも同じだ。アメリカ国籍をとっても、アメリカ人というだけでは自分のことを言い尽くせない。それが現実だ」
　アメリカは移民で成り立っていて、人種の坩堝《るつぼ》だが、溶け合っているわけではない（これをサラダボウルと言うらしい）から、問題はたくさんあるのだ。そして、その問題と格闘してきたのがアメリカの歴史なのだ。

　移民の歴史を象徴的に示す博物館がニューヨークにある。マンハッタン、ロウワー・イーストサイドのオーチャード通りにある住居《テナメント》博物館だ。テナメント・スラムという言葉があるが、十九世紀から二十世紀にかけて、このあたりのテナメントすなわちアパート群はスラムとみなされていた。窓のない部屋があったり、トイレが共同だったりして、狭くて暗い家が多かったからである。

　住居博物館は、一八六三年に建てられ、実際に次々と移民が住んでいた建物をそのまま博物館にしたものである。当初はドイツからの移民、次に東欧ユダヤ系移民、そして一九二〇年代からはイタリア系移民が住んでいたアパートを、実際に住んでいたイタリア系移民のジョセフィンという人の記憶によって再現している。

　ジョセフィンは父が大工、母は縫い子だった。初めは不法移民だった。イタリア移民同士で助け合いながら暮らしていた。その後、一九三五年にこのアパートを出て二ブロックほど先に引っ越したが、そのとき、イタリア系移民三家族とも一緒に引っ越している。さらに一九三〇年代の終わりに彼らはブルックリンに引っ越しているが、そのときも三家族一緒だった。これをルース・エイブラム館長はこう説明する。

「英語ができない移民にとって、アメリカに来てまず問題となるのは、言葉だった。だからイタリア系ならイタリア系と、まとまって住むのは、生活の知恵だったのです。中国人はチャイナタウンをつくる、英語を話さない、と非難するアメリカ人がいるが、無料で英会話を習うには、何年も待つケースがあるし、彼らにとってはそれまでの生活がある。英語ができないのに職探しをしなければならないのです。助け合うほかありません。実際、ジョセフィンたちが引っ越すときは、父親が死んで生活力が弱くなった家族も連れて引っ越している。互いに助け合っていたのです」

再現されたジョセフィン一家の居間に飾ってあった写真は、イエス・キリスト、祖父母、そしてフランクリン・ルーズベルトだった。日本では、フランクリン・ルーズベルト大統領は一九二九年の世界大恐慌のあと、テネシー渓谷に巨大なダムをつくったり、マンハッタンの道路を整備したり、積極的な公共事業投資を行なって、景気を回復させたことで知られている。そしてその結果得た税収によって今日のアメリカの雇用保険、年金、生活保護など社会保障制度をつくった。そのことを言うと、エイブラハム館長は頷いた。

「そういう意味で、フランクリン・ルーズベルト大統領は英雄なのです」

戦争で日本に勝ったから英雄というわけではないのですね？

「彼は職業紹介の制度をつくった。生活保護の制度もつくったが、彼らは生活保護を受けることを必ずしも潔しとはしなかった。野心をもって移民してきたから。でも、政府からもらったチーズの箱で朝顔をつくっていたというから、喜んではいたと思います」

ロックフェラー財団の戦略計画部長、ダレン・ウォーカー氏は、財団のソーシャル・インクルージョンの考え方についてこう説明する。

「アメリカは日本と違って、最初から移民で成立した国だ。自分の先祖は奴隷だが、強制的に連れて来られた人もいれば、そうでない移民もいる。いろいろだ。いずれにせよ、アメリカは、移民によって進歩してきた。そういう考え方から、ロックフェラー財団は、一九二〇年代からすでに、立法や訴訟を通じてソーシャル・インクルージョンを強化しようとしてソーシャル・インクルージョン・プログラムを展開した。そのために黒人弁護士による集団を形成して、黒人たちが自分たちの権利を強化するための訴訟を起こすことを支援してきた。その後も、たとえばアジア系を馬鹿にする番組を放映するテレビ会社に対して、これを取りやめるよう呼びかける運動を行なってやめさせたりした。こういう場合、声を上げなければやめさせることはできない。そのほか、ソーシャル・インクルージョンを強化する組織を直接支援することにも力を入れてきた。ハーレムなどで、教育、住居、医療などのレベルアップ、あるいは犯罪防止をはかる運動を支援した」

ソーシャル・インクルージョンを重視してきたのは、ロックフェラー財団だけではない。フォード、ゲイツ、パッカード、カーネギーなども同様だ。

このような考え方は、大学の入試でも同様だ。たとえばボストンにあるMIT（マサチューセッツ工科大学）の入試責任者、ジョアンヌ・カミングス氏によると、MITは約一万一千人の学生のうち、約二五〇〇人が外国人だ。

「入学者の選抜にあたっては、第一に、MITの建学の精神を理解し、未来を創造する理想をもっているかどうか。第二に、世界を変え、世界の将来をつくっていく気概があるか。第三に、今ある問題を解決する能力があるか、などを見る。成績がよいだけでなく、好奇心が強く、学問が楽しみで、問題発見型の人が望ましい。あと、その人がMIT向上のためになるか、本人のスキルや性格、リーダーシップなど。特に配慮するのは、現在はあまり恵まれた境遇ではないが、MITを出てから大きな才能を発揮できる可能性をもった人を見いだすこと。これは外国人に限らない。そして、多様な人でクラスを構成することに主眼をおく。スポーツ、音楽その他、ユニークな才能は重視する」

近年、ニューヨークの人からよく聞く言葉にダイバシティ・アンド・インクルージョン（多様性と包容力）という言葉がある。多様な人を受け入れることによってまちがよくなる、会社の意思決定やアイデアも質的向上がはかられる、イメージも向上するという考え方である。

社会復帰訓練を中心とする市民団体

ロザンヌ・ハガティのプロジェクトは、脆弱性を基準として健康面で脆弱な人を優先して入所させる。一方、刑務所から釈放されて出てきた人たちを専門に入所させて、社会復帰訓練している団体もニューヨークにはある。揃いのユニフォームでマンハッタンのまちを清掃することで知られる〈ドウ・ファンド〉である。この団体のジョージ・マクドナルド理事長と施設の責任者ナザリン・グリフィン氏の話を紹介しておきたい。

ジョージ・マクドナルド氏は、自ら〈ドウ（名無しの意）・ファンド〉という財団を設立して経営する。私がハーレム一三五丁目にある彼の施設を訪ねる約束をすると、彼は国連ビルの近くにある〈ジャパン・ソサエティー〉に迎えを寄越したが、迎えに来た礼儀正しい青年は施設に入所している一人だった。

マクドナルド氏は、強調する。

「ホームレスの人々は、家がないのではない。教育がない、薬物中毒だ、アルコール依存症だ、刑務所から釈放されて間もない、などの理由で職がないのだ。その結果、ホームレスになっているのだ。だから、家を与えてもホームレス問題は解決しない。ニューヨーク市のホームレスの五％が白人だが、九五％はアフリカ系黒人やラテン系ヒスパニックなど少数民族だ。経済の主流に入ろうとしても障壁が大きい。その障壁を取り除き、職を得るのがホームレス対策の基本だ」

そのため、この施設では、公園や道路の清掃、建物のゴキブリ対策などを中心に、市や民間から仕事を得て、それに従事させる。

「何も技能がないと時給八ドルか九ドルくらいだが、ゴキブリ対策などの技能があれば時給一四ドルから

〈ドウ・ファンド〉の建物（上）と正面（下）

一五ドルくらいは稼ぐ。報酬は施設の収入とする。そして、たとえば九カ月この施設にいて、アパートを借りて自立するときは、二〇〇〇ドル程度のアパート代をまとめて施設から支出する。施設の運営費は入居者が得る賃金が三分の一、民間企業からの寄付金が三分の一、連邦政府・州政府・市当局からの支援が三分の一という割合だ」

この施設には九カ月いられるのか。

「朝、きちんと起きる、人におはようと挨拶をする、上司からの指示を素直に受け入れる、再び薬物には手を出さない、追い詰められてもけっして犯罪に走らない、そういう生活習慣を身につけ、本人も自信をもつためには、少なくとも九カ月から一年は必要だ。財政的に負担が大きくなるという危惧があるかも知れないが、中途半端な対策を繰り返してホームレスを再生産するよりよほど効率がいい。しかも訓練期間の後半はパート労働等で収入を稼ぐことができるから、その一定割合を施設の収入にすればいい」

部屋は一〇人部屋が原則だ。

「このような施設をつくる場合、得てして個室にしてプライバシーを尊重するべきだなどという処遇向上を主張する人が出てくる。しかしここはあくまでも彼らにとって経由する施設であって終の棲家ではないことを忘れてはならない。彼らが次の目標を持たざるをえない水準でいい」

マクドナルド氏に同席したこの施設の責任者グリフィン氏は、私がかつて勤務した東京の山谷の旅館の支配人と同じような、冷静沈着で常に公平、といった雰囲気を身につけた人だった。「この仕事についた理由は？」と聞くと「この施設の出身だ」と言う。外から仕事をとってくる営業等を含め、スタッフの七〇％がこの施設の出身者だということだ。

支配人の主な仕事は何か。

「けんかの仲裁。暴力以外の解決方法を教える」

従わない者は追い出すのか。

「追い出さない。彼らのルール違反は、私も経験したものにすぎない。勝手に飛び出して行った者を再入所させることだってある。だが、秩序は保つ。そのためには、同じメッセージを繰り返すことだ。秩序がこの文化だと言う」

彼らの言葉の一つ一つはいずれも、私が山谷の福祉センターで勤務し、そしてまたその後個人的にボランティアとして関係してきた歳月から経験的に感じ取ってきた考え方とまったく一致するものだった。

ロザンヌ・ハガティの〈コモン・グラウンド〉の活動は、ニューヨークの市民活動の発展を示す代表的なモデルであるが、それ以外にこのような優れた考え方による実際的な市民活動が行なわれていることが、アメリカ社会企業の層の厚さを示している。

いったん罪を犯して刑に服した人は社会的に排除されやすい。彼らの社会復帰を市民活動がサポートする姿はアメリカの社会的包容力の一つの具体化である。

「ロンドン・プラン」と社会的包容力

二〇〇四年にロンドン市役所が策定した「ロンドン・プラン」は、都庁職員を中心に実務に従事する人たちばかりで翻訳した。そのとき、「social inclusion」をどう訳すかについてずいぶん議論した。

当時のロンドン市長の政策の三本柱は、経済成長、ソーシャル・インクルージョン、環境改善だから、ソーシャル・インクルージョンは大きな意味をもつ。政策意図をわかりやすく示す日本語はないか、悩んだ。

「ロンドン・プラン」はこの言葉を「社会の構成員に対して提供されているすべての機会と利益を得るこ

とのできる状況。この目的は、失業、未熟練、低所得、劣悪な住宅、犯罪多発、健康悪化、家族崩壊などの関連ある複合的な問題をかかえる特定の人々または地域の障害を取り除くことにある」と説明している。

そこで当初、私たちは、「社会的受容性」と訳してみた。状況という言葉にヒントを得たのである。また、「social inclusion」と対をなす「social exclusion」という言葉について、同じ「ロンドン・プラン」の用語解説が次のように説明しているからである。

「人々または地域が、失業、低い技能、低所得、劣悪な住居、犯罪発生率の高い環境、健康障害、家族崩壊などが複合的に関連する問題を抱える状況を示す用語」

これは「社会的排除」もしくは「社会的除外」と訳すのが普通だろう。しかし、「行為を示す」のではなく「状況を示す」と説明しているのだから、「社会的閉鎖性」と訳したほうが適当だ。同様に、social inclusion は今まで一般に、「社会的包摂」と訳されてきたが、行為を示すのではなく状況を示すのだから、「社会的受容性」のほうが適当だと考えた。

しかし物足りない。本文全体の翻訳を進めるうちに、この場合の状況は、ある行為によって一定の状況を実現しようとする積極的な概念であることがわかってきた。

すなわち、社会的に排除された状況にある人々を、単に包み込むだけではなく、そういう状況から脱するための政策を実施していく取り組みをすることができる社会を目指していることがわかった。「もし十分な公共投資が適切に行なわれれば、経済は成長し」、「生活の質は改善されていく」。しかも、「開発がより集中的に行なわれる場合に、オープンスペースを浸食せず」、「ロンドンはよりコンパクトな都市になる」としている。

ここで注目すべきは、「ロンドン・プラン」が、「将来のロンドンの成功する機会を全てのロンドン市民が得られるような社会的包容力」を重視していることだ。

そして、政策目標の項では、「職業を必要としている人々、とりわけ女性、若年層、少数民族に対する職業訓練、指導、その他の支援を行ない質の高い雇用を増大させる」と書いている。「多様な住民のニーズに対応する」の章では、「ロンドンは、世界中のどの都市よりも多くの言語と文化が存在する都市である。この多様性がロンドンの最大の強みの一つであり」、「世界都市の地位を占めていることの根拠となっており、このことは強化されなりればならない」と宣言している。

このあと、「多様な住民」として、「身体障害者」「高齢者」「青少年」「女性」「黒人と少数民族」から始まって「ゲイ、レズビアン、バイセクシャル、性転換者」「難民」までを項目を挙げて明記している。

以上から、social inclusion は「社会的受容性」ではまだ意を尽くしていないと考えて、さらに積極的に「社会的包容力」と訳すことにした。

状態を示すにすぎない social exclusion は「社会的閉鎖性」でいいとしても、一定の取り組みを示す social inclusion という言葉は「社会的包容力」としたのである。

「ロンドン・プラン」においてソーシャル・インクルージョンを政策目標とする章は、職業訓練等による質の高い雇用の増大、貧困集中地域やホームレスの問題への取り組み、差別への取り組み、障害者にとって暮らしやすい都市、学習・健康・安全その他の地域サービス、地域コミュニティの経済成長と開発などを内容としている。社会的排除をなくす取り組み、なくす努力に意味があるのだ。

ロンドン市の担当者たちも、貧困という結果を重視して所得再分配によって解消するのではなく、貧困に至る原因を重視し、その原因を取り除くことを目指すことを強調した。

これは、イギリスの福祉において、safety net（落下してくる貧困者をある一定の低いレベルで受け止める）

ではなく、trampoline（再び労働によって所得をうることができるレベルまで跳ね返す）の考え方が主流となってきていることと軌を一にしている。

これらから、私たちは、social inclusionを、貧困という結果に対する対策だけでなく貧困の原因を取り除く取り組みや政策的努力のことであると解して、社会的包容力と訳すことにした。しかし、これが訳語の決定版と考えているわけではない。もっと的確に内容を伝える言葉がないものかと今でも考えている。

私は五〇年ほど前、学校で「イギリスの福祉はすごい。ゆりかごから墓場まで保障する」と教わった。敗戦後、日本のまちに浮浪者が溢れ、傷痍軍人が駅や電車の中で物乞いをしていた時代に、「ゆりかごから墓場まで」という標語は理想の福祉論であるかのように聞こえた。

しかしそのイギリスの考え方は、保守党のサッチャー政権を経て労働党のブレア政権が確立する過程で大きく転換された。今は、貧困という結果を重視してそれを所得再分配政策によって解消することを目指すのではなく、貧困に至る原因を重視し、その原因を取り除くことを目指している。

その後、市場原理主義の時代を経て、昔に戻るのではなく第三の道を模索している。社会的包容力という考え方は、EUの実現によって多くの移民を抱えるなかで彼らの自立的能力を高めようとする努力にも通じる。イギリス社会がうまくいっているとは思えないが、問われるのは、絶えざる自己革新に向けた社会の努力だ。

結　語——日本の市民活動の発展のため社会企業法の制定を

日本では伝統的に、地域の町会・自治会、団地やマンションの管理組合、商店街活動などが盛んである。これらは地域における市民活動の代表といっていい。日本の市民活動も新たなレベルに達しており、汗をかき、専門性を生かすなど、頼りになる存在となっている。

いい面はたくさんあるとしても、日本の地域における市民の貢献活動にはまだまだ課題が多い。その一つはマンパワーの問題だ。私は都庁に勤務し始めた頃、ボランティアの三要素というのを職員研修で習った。三〇年以上前のことである。それは、「自発性」「公共性」「無償性」の三つである。その後、日本のボランティア活動は飛躍的な発展を遂げた。

現代のボランティア運動においては、「自立性」「行動力」「継続性」こそ問題とされる。「自立性」とは、ボランティア活動を自分たちで組織し、自分たちでコーディネートすることを意味するが、同時に、支援を必要とする人たちに対しても、単にお手伝いするだけでなく、彼らの自立を強く意識することにもつながる。「行動力」というのは、単に物を送ったりするだけでなく、自分の専門や体力を生かして、現地に赴いて汗をかくということである。「継続性」は、ボランティア活動において最も難しいことだが、自分の仕事や学業との折り合いをなんとかつけて、活動を続けることである。それぞれの個人の行動は断続的であったとしても、組織の活動が全体として継続的であることが要求される。

ところがこれら行動力、継続性を備えたマンパワーがなかなか確保できない。やる気のある人は多くとも、うまくコーディネートできていない。

二つ目には、組織のあり方やそれに伴う制度の問題だ。市民活動団体では、行政や市場原理の世界と違って、リーダーが特別の権限をもつわけではない。やる気のある人は多いのだが、組織の民主的運営の習慣やルールが必ずしも確立されていないケースがある。

役員の選任について公正な選挙を行なうなど民主的な仕組みを確立することが大切だ。財政の透明性も確保されなければならない。大規模な市民組織であれば、投票で選挙される議員による議会のようなものを設置して、代議制度によって運営することも考えられる。もちろんこの場合の議員はボランティアだ。

日本は国、都道府県、区市町村の三層制だが、世界では地域自治組織も加えた四層制が多い。市町村合併によって基礎自治体の規模が大きくなった今、日本では地域自治組織の充実が課題となっている。商店街や町会・自治会の活性化など個別縦割りの発想ではなく、地域自治組織に一種の自治体としての位置づけを考える時期がきている。

地域の市民活動は、新たな時代を迎えつつある。制度や政策も再構築が求められている。日本の都市では、町会や商店街、あるいは団地やマンションの管理組合が地域自治活動を担う例が多い。町会が防火・防犯活動や祭の運営を担う。商店街も各種イベントを実施する。団地やマンションの管理組合にも、清掃や環境整備など盛んに活動しているところがある。

近年は、このような伝統的な活動に加えて、商店街や企業が中心になって、その地域で働く人を含めてイベントや警備、清掃などの活動を協力し合いながら展開する例が見られるようになった。なかには地域バスの運行や防災活動など自治体並みの活動をしている例も見られる。

地域活動が活発になったのは欧米を含めて共通の現象で、社会が高度経済成長を経て落ち着いてくると、地域生活の充実や平穏あるいはその快適性に価値を感じる人が多くなるからだ。

住民にとって有益な地域活動を総合的かつ継続的に実施し、住み働くまちをさらに魅力的で価値あるものにしていこうとする考え方と行動を、一般にタウンマネジメントまたはエリアマネジメントという。どちらの言葉を使ってもよいが、タウンマネジメントは、いわゆる中心市街地活性化法のイメージが強いので、近年は新しい意味を強調するためエリアマネジメントという場合が多くなっている。

このような地域活動を支えるための法的あるいは財政的な仕組みは従来からいろいろあるが、必ずしも十分なものとなっていないため、その活動に支障が多い。各種事業の実施、あるいは契約、不動産所有、職員雇用、預貯金などの面で活動しやすくするため、一種の自治体のような資格をもつ制度をつくったほうがいい。

経費の徴収面でも、場合によっては一定の強制力を持たせたほうがいい。清掃、安全、防災、イベントなど、本来は基礎自治体の仕事であって、その経費は固定資産税や区市町村民税などに含まれているはずだから、それを分けるという考え方もありうる。

エリアマネジメントは、基礎自治体のすべての仕事をカバーするわけではないから、あくまでも基礎自治体の一部として、一定の地域の一定の仕事だけを担う。その分については一定の財政力をもつ。その場合、そのエリアマネジメント組織において役員の選任について公正な選挙を行なうなど民主的な仕組みが確立されなければならない。財政の透明性も確保されなければならない。役員は基本的にはボランティアだが、専業の職員を雇うことはありうる。

市民活動の種類

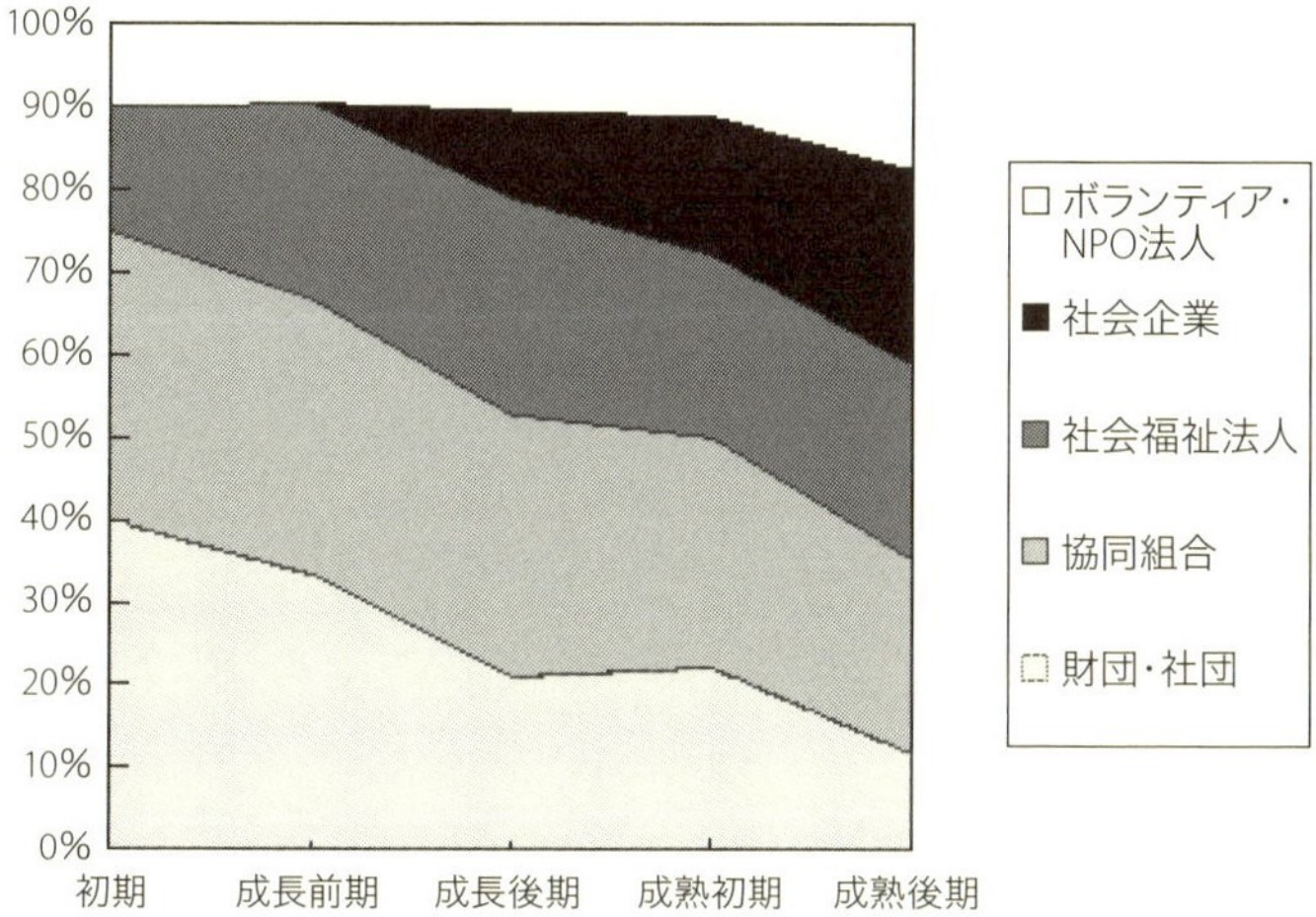

地域における市民活動は、福祉、環境、防災、防犯、まちづくりやエリアマネジメントなど社会の様々な分野において公益のために活動する。中には組織として一定の資金力をもち、安定・継続していて、社会がその活動をあてにすることができるものも多い。その活動に専従するスタッフはその組織によって一定の収入を得て生活を維持し家族を養うことができる。これを社会企業と呼ぶ。

市民活動に対する税制や法制、人々の意識などさまざまな社会的条件は徐々に整備されてきた。しかし専従スタッフを抱え、行政による補助金に頼らずに一定の事業収益を得ながら、公益目的のために充実した活動をする社会企業を律する法制度は現在、存在しない。

法的あるいは財政的な仕組みが必ずしも十分なものとなっていないため、その活動に支障が多い。

社会福祉法人や各種協同組合、あるいは社団法人や財団法人についてはそれぞれ、厳格に組織運営の規律を定める一方、税制面等における優遇措置を講じ、法人格を認める法律があるが、市民活動のうち、事業収益を主たる資金源としながら公益活動を行なう組織についての法律がないのである。

ＮＰＯ法（特定非営利活動促進法）は収益分配を禁じているだけで、収益事業自体を否定するものではないが、基本的にはいわゆるボランティア活動を対象とするものであり、この法律で、これからの市民社会の重要な一翼を担うべき社会企業を育て律するのは無理がある。ＮＰＯ法を超えた市民公益活動に対応した「社会企業法」ともいうべき制度が求められている。ロザンヌ・ハガティの活動を見ていて強く思うのはそのことだ。

あとがき

ロザンヌの充実した活動、互いの豊富な交流、そしてその背景にある貧困や社会問題の複雑さなどいろいろな原因もあって、この本をまとめるのに予想外の時間がかかった。書き足りなかった点も多いが、それは次の機会に回すことにして、とにかく早くこの問題を世に問うこととしたい、そう考えて、不十分を承知して出版させて頂くことにした。

この本のために藤原書店の催合庵でロザンヌ・ハガティ氏、ジャパン・ソサエティー日本代表川島瑠璃氏、藤原良雄・藤原書店社長、佐々木一如・明治大学専門職大学院ガバナンス研究科特任講師、この本の担当である藤原書店の刈屋琢氏らと対談した濃密な時間は忘れがたい思い出となった。出版にあたってニューヨークのジャパン・ソサエティー、東京の財団法人地域生活研究所、東京都ホームレス就業支援協議会、東京災害ボランティアネットワーク、明治大学専門職大学院ガバナンス研究科の都市政策フォーラムの皆さんには大変お世話になりました。心からお礼を申し上げます。

二〇一三年四月

青山 佾

著者紹介

青山 佾（あおやま・やすし）

1943年東京生。明治大学公共政策大学院教授。都市論、日本史人物論、自治体政策。中央大学法学部卒業。1967年都庁入庁。都市計画局課長、高齢福祉部長、計画部長、政策報道室理事などを歴任。99〜03年、石原慎太郎知事の下で東京都副知事。2004年より現職。

著書に『石原都政副知事ノート』（平凡社新書、2004年）、『自治体の政策創造』（2007年）『都市のガバナンス』（2012年、共に三省堂）ほか多数、郷仙太郎名義で『小説 後藤新平——行革と都市政策の先駆者』（学陽書房人物文庫、1999年）。

10万人《まんにん》のホームレスに住《す》まいを！
——アメリカ「社会企業《しゃかいきぎょう》」の創設者《そうせつしゃ》ロザンヌ・ハガティの挑戦《ちょうせん》

2013年5月30日　初版第1刷発行©

著　者　青　山　　佾
発行者　藤　原　良　雄
発行所　株式会社　藤　原　書　店

〒162-0041　東京都新宿区早稲田鶴巻町523
電　話　03（5272）0301
FAX　03（5272）0450
振　替　00160 - 4 - 17013
info@fujiwara-shoten.co.jp

印刷・製本　中央精版印刷

落丁本・乱丁本はお取替えいたします
定価はカバーに表示してあります

Printed in Japan
ISBN978-4-89434-914-8

VI 魂《こころ》の巻——水俣・アニミズム・エコロジー　　解説・中村桂子
Minamata : An Approach to Animism and Ecology
四六上製　544 頁　**4800 円**（1998 年 2 月刊）◇978-4-89434-094-7
水俣の衝撃が導いたアニミズムの世界観が、地域・種・性・世代を越えた共生の道を開く。最先端科学とアニミズムが手を結ぶ、鶴見思想の核心。
月報　石牟礼道子　土本典昭　羽田澄子　清成忠男

VII 華の巻——わが生き相《すがた》　　解説・岡部伊都子
Autobiographical Sketches
四六上製　528 頁　**6800 円**（1998 年 11 月刊）◇978-4-89434-114-2
きもの、おどり、短歌などの「道楽」が、生の根源で「学問」と結びつき、人生の最終局面で驚くべき開花をみせる。
月報　西川潤　西山松之助　三輪公忠　高坂制立　林佳恵　C・F・ミュラー

VIII 歌の巻——「虹」から「回生」へ　　解説・佐佐木幸綱
Collected Poems
四六上製　408 頁　**4800 円**（1997 年 10 月刊）◇978-4-89434-082-4
脳出血で倒れた夜、歌が迸り出た——自然と人間、死者と生者の境界線上にたち、新たに思想的飛躍を遂げた著者の全てが凝縮された珠玉の短歌集。
月報　大岡信　谷川健一　永畑道子　上田敏

IX 環の巻——内発的発展論によるパラダイム転換　　解説・川勝平太
A Theory of Endogenous Development : Toward a Paradigm Change for the Future
四六上製　592 頁　**6800 円**（1999 年 1 月刊）◇978-4-89434-121-0
学問的到達点「内発的発展論」と、南方熊楠の画期的読解による「南方曼陀羅」論とが遂に結合、「パラダイム転換」を目指す著者の全体像を描く。
〔附〕年譜　全著作目録　総索引
月報　朱通華　平松守彦　石黒ひで　川田侃　綿貫礼子　鶴見俊輔

人間・鶴見和子の魅力に迫る

鶴見和子の世界

R・P・ドーア、石牟礼道子、河合隼雄、中村桂子、鶴見俊輔ほか

学問／道楽の壁を超え、国内はおろか国際的舞台でも出会う人すべてを魅了してきた鶴見和子の魅力とは何か。国内外の著名人六十三人がその謎を描き出す珠玉の鶴見和子論。〈主な執筆者〉**赤坂憲雄、宮田登、川勝平太、堤清二、大岡信、澤地久枝、道浦母都子**ほか。

四六上製函入　三六八頁　**三八〇〇円**
（一九九九年一〇月刊）◇978-4-89434-152-4

鶴見俊輔による初の姉和子論

鶴見和子を語る

（長女の社会学）

鶴見俊輔・金子兜太・佐佐木幸綱　黒田杏子編

社会学者として未来を見据え、〝道楽者〟としてきものやおどりを楽しみ、〝生活者〟としてすぐれたもてなしの術を愉しみ……そして斃れてからは「短歌」を支えに新たな地平を歩みえた鶴見和子は、稀有な人生のかたちを自らどのように切り拓いていったのか。

四六上製　二三二頁　**二二〇〇円**
（二〇〇八年七月刊）◇978-4-89434-643-7

市民活動家の必読書

NGOとは何か

〈現場からの声〉

伊勢﨑賢治

アフリカの開発援助現場から届いた市民活動（NGO、NPO）への初のラディカルな問題提起。「善意」を「本物の成果」にするために何を変えなければならないかを、国際NGOの海外事務所長が経験に基づき具体的に示した、関係者必読の開発援助改造論。

四六並製　三〇四頁　二八〇〇円
（一九九七年一〇月刊）
◇978-4-89434-079-4

一日本人の貴重な体験記録

東チモール県知事日記

伊勢﨑賢治

練達の“NGO魂”国連職員が、デジカメ片手に奔走した、波瀾万丈「県知事」業務の写真日記。植民地支配、民族内乱、国家と軍、主権国家への国際社会の介入……。難問山積の最も危険な県の「知事」が体験したものは？

写真多数

四六並製　三二八頁　二八〇〇円
（二〇〇一年一〇月刊）
◇978-4-89434-252-1

国家を超えたいきかたのすすめ

NGO主義でいこう

（インド・フィリピン・インドネシアで開発を考える）

小野行雄

NGO活動の中でつきあたる「誰のための開発援助か」という難問。あくまで一人ひとりのNGO実践者という立場に立ち、具体的な体験のなかで深く柔らかく考える、ありそうでなかった「NGO実践入門」。

写真多数

四六並製　二六四頁　二二〇〇円
（二〇〇二年六月刊）
◇978-4-89434-291-0

雇用創出と災害復興への道

サードセクター

（「新しい公共」と「新しい経済」）

A・リピエッツ

井上泰夫訳＝解説

市場とも、政府とも異なる「新しい公共」、「新しい経済」として期待されている社会的企業、ソーシャル・ビジネス、NPO法人。だが、その理念や方法論は極めて曖昧だった。これらを「サードセクター」として再定義し、新たな需要に応えると同時に、新たな雇用を創出するその意義を説く。

四六上製　二九六頁　三〇〇〇円
（二〇一一年四月刊）
◇978-4-89434-797-7

POUR LE TIERS SECTEUR　Alain LIPIETZ

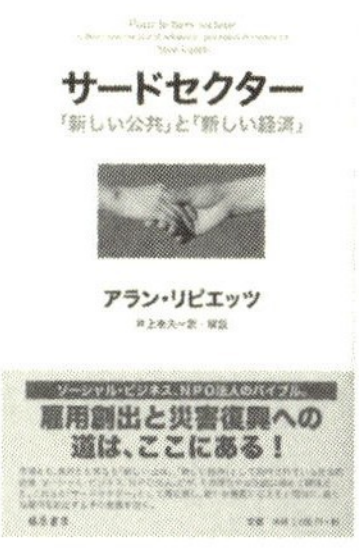

「この国の最底辺はいつまで続くのか」(高村薫氏)

無縁声声〈新版〉

(日本資本主義残酷史)

平井正治
特別寄稿＝高村薫／稲泉連

大阪釜ヶ崎の三畳ドヤに三十年住みつづけ、昼は現場労働、夜は史資料三昧、休みの日には調べ歩く。"この世"のしくみと"モノ"の世界を徹底的に明かした問題作。

四六並製　三九二頁　三〇〇〇円
(一九九七年四月／二〇一〇年九月刊)
◇978-4-89434-755-7

21世紀、日本の縮図を鳥瞰する！

「移民列島」ニッポン

(多文化共生社会に生きる)

藤巻秀樹

多国籍の街、東京・大久保、南米の日系人が多く住む愛知・保見団地、アジア各国から外国人花嫁が嫁いでくる新潟・南魚沼市、三つの地域に住み込んで、さらに日本各地を取材し、移民たちの肉声を伝える第一線の記者によるルポルタージュ。

四六上製　三二〇頁　三〇〇〇円
(二〇一二年一〇月刊)
◇978-4-89434-880-6

本当に安心できる住まいとは？

ケースブック 日本の居住貧困

(子育て／高齢障がい者／難病患者)

早川和男＝編集代表
岡本祥浩・早川潤一＝編

交通事故死者数をはるかに超える、「住居の中の不慮の事故死」は、なぜ生じてしまうのか？　乳幼児の子育てや、高齢障がい者・難病患者の生活に密着し、建物というハードだけでは解決できない、「住まい方」の問題を考える。

A5並製　二七二頁　二二〇〇円
(二〇一一年一月刊)
◇978-4-89434-779-3

阪神・淡路大震災から東日本大震災まで

災害に負けない「居住福祉」

早川和男

各地での多数の具体例を交えながら、個別の住宅の防災対策のみならず、学校・公民館などの公共施設、地域コミュニティ、寺社・祭りなどの伝統文化、そして自然環境まで、防災・復興の根本条件としての「住まい方」の充実を訴える。日本を「居住福祉列島」に体質改善するための緊急提言！

四六並製　二二四頁　二二〇〇円
(二〇一一年一〇月刊)
◇978-4-89434-821-9

現代文明の根源を問い続けた思想家

イバン・イリイチ

（1926–2002）

1960〜70年代、教育・医療・交通など産業社会の強烈な批判者として一世を風靡するが、その後、文字文化、技術、教会制度など、近代を近代たらしめるものの根源を追って「歴史」へと方向を転じる。現代社会の根底にある問題を見据えつつ、「希望」を語り続けたイリイチの最晩年の思想とは。

八〇年代のイリイチの集成

新版 生きる思想

〈反＝教育／技術／生命〉

I・イリイチ

桜井直文監訳

コンピューター、教育依存、健康崇拝、環境危機……現代社会に噴出している全ての問題を、西欧文明全体を見通す視点からラディカルに問い続けてきたイリイチの、八〇年代未発表草稿を集成した『生きる思想』を、読者待望の新版として刊行。

四六並製　三八〇頁　二九〇〇円

（一九九一年一〇月／一九九九年四月刊）

◇978-4-89434-131-9

初めて語り下ろす自身の思想の集大成

生きる意味

〈「システム」「責任」「生命」への批判〉

I・イリイチ

D・ケイリー編　高島和哉訳

一九六〇〜七〇年代における現代産業社会への鋭い警鐘から、八〇年代以降、一転して「歴史」の仕事に沈潜したイリイチ。無力さに踏みとどまりながら、「今を生きる」ことへ——自らの仕事と思想の全てを初めて語り下ろした集大成の書。

四六上製　四六四頁　三三〇〇円

（二〇〇五年九月刊）

◇978-4-89434-471-6

IVAN ILLICH IN CONVERSATION

Ivan ILLICH

「未来」などない、あるのは「希望」だけだ

生きる希望

〈イバン・イリイチの遺言〉

I・イリイチ

D・ケイリー編　臼井隆一郎訳

「最善の堕落は最悪である」——教育・医療・交通など「善」から発したものが制度化し、自律を欠いた依存へと転化する歴史を通じて、キリスト教—西欧—近代を批判、尚そこに「今・ここ」の生を回復する唯一の可能性を探る。

［序］Ch・テイラー

四六上製　四一六頁　三六〇〇円

（二〇〇六年一二月刊）

◇978-4-89434-549-2

THE RIVERS NORTH OF THE FUTURE

Ivan ILLICH